U0128694

陸學爲體 朱學爲用：
從「工夫」論吳澄

吳 致 融　著

文 史 哲 學 集 成
文史哲出版社印行

國家圖書館出版品預行編目資料

陸學為體 朱學為用：從「工夫」論吳澄 /
吳致融著.-- 初版 --臺北市：文史哲，民
100.01 頁；公分（文史哲學集成；597）
參考書目：頁
ISBN 978-957-549-951-8(平裝)

1.（元）吳澄 2. 學術思想 3. 理學

125.95   100001631

文史哲學集成 597

陸學爲體 朱學爲用：
從「工夫」論吳澄

編 著 者：吳　　　致　　　融
出 版 者：文 史 哲 出 版 社
http://www.lapen.com.tw
e-mail：lapen@ms74.hinet.net
登記證字號：行政院新聞局版臺業字五三三七號
發 行 人：彭　　　正　　　雄
發 行 所：文 史 哲 出 版 社
印 刷 者：文 史 哲 出 版 社
臺北市羅斯福路一段七十二巷四號
郵政劃撥帳號：一六一八〇一七五
電話886-2-23511028・傳真886-2-23965656

實價新臺幣三〇〇元

中 華 民 國 一 百 年 （2011） 元 月 初 版

ISBN 978-957-549-951-8   00597

胡　序

　　自南宋孝宗淳熙二年（西元 1175 年）朱熹與陸九淵於江西鉛山縣鵝湖寺相會論辯以來，朱學與陸學之爭，就浮上了檯面，迄今已 836 年矣。甲子已轉了將近 14 圈，然而兩大學派之爭，卻未停息！箇中原因，不僅在於學理之異（所謂「性即理」與「心即理」之異）與夫下手處之別（所謂「道問學」與「尊德行」之別），尚有門戶之見與學者脾氣橫亙其中。尤其元明以降，朱學被奉為官學，陸學相對湮沒而不彰（如果考慮到儒釋的正統之爭，問題更趨於複雜）。利益的糾葛一旦滲入其中，遂使朱陸兩家學說更加撲朔迷離，真相難清。今吳君致融以元代理學名家吳澄的工夫論為研究主軸，披覽群籍，抖落歷史塵埃，企圖顯出吳澄理學之本質，以三年時間完成一書，其用心之致、用力之勤，誠可佩也。

　　吳君早年受學於余，迄今已十年矣！其間過從甚密，相互切磋，師友如一。言談之間，見其才華橫溢；論辯之際，察其博聞彊記、心思縝密，誠有過人之處。今吳君以《陸學為體，朱學為用：從工夫論吳澄》一書，丐序於余。余以指導教授之身，爰就所學所讀所感，略綴數語，以為吳書張目。

　　在研究主題上，吳君捨棄宋明理學諸大家，而關注有元一代三大理學家之一的吳澄（其他兩位是許謙和許衡），這是他慧眼獨具。吳君取吳澄為研究主軸，不僅因為他是元代著名的理學家而已，更重要的是吳澄於朱陸二學涉入頗深，因

此，以吳氏的工夫論為切入點，正足以釐清二學千絲萬縷錯綜複雜的關係。

在研究方法上，吳君此書捨棄傳統以時間先後為序之寫作方式，而以吳澄的晚年定論為開端，再回溯吳澄的早年工夫。此種創舉，在於強調哲人晚年思想之成熟度與確定性，頗為可取。此外，吳君論吳澄，不僅著眼於貫時的研究，還注意江西的宗教雰圍於吳氏理學之薰染，可說縱橫剖面兼顧，貫時並時並究。尤有進者，吳君每引吳澄之說，必考慮其語境。如此一來，不僅可免斷章取義之弊，更能撥雲散霧，直指吳澄本心。這些手法足見吳君匠心之獨運。

在主要觀點方面，吳君認為吳澄以陸學為體，朱學為用，此於元代為獨一無二；吳澄又以納朱熹的「格物窮理」於象山的心學體系之中，以臻「和會朱陸」之境。此論點與萬先法所云「吳澄近於陸子之心學，然其關切則在兩家精神」（見氏著〈元代之朱子學〉一文），實可相互發明。此外，吳君在文中又指出，吳澄受到朱學影響，由「勤」、「謹」發展到「敬」；再受到陸學影響，由「敬」發展到「思」。而「思」為「心」之作用，於是朱子的「格物窮理」就可納入陸象山的心學體系之中。吳君此論娓娓道出了吳澄的心路歷程。吳君此書也點出了吳澄思想的歷史定位：（一）將內聖與外王融為一互相涵攝的整體（二）吳澄在象山心學和陽明心學之間搭起一座橋樑，這些都是真知灼見。

本書原創性觀點不一而足，正有待讀者的仔細玩味和方家學者的不吝雅正。

胡其德 謹識　庚寅年十一月

摘　要

　　元儒吳澄的理學思想究竟偏向朱學或者陸學，一直未有定論。筆者在此研究中，將試圖從「工夫論」的觀點來分析並解決此一難題。

　　從第二章開始，筆者首先使用吳澄晚年的談話，指出他晚年對陸學表達的無限推崇之情，把握其學術之最終定向。第三章，筆者將根據前章的研究結論，以他早年的實踐工夫為主軸，探討其思想由朱入陸的形成過程。第四章，筆者要解釋吳澄思想中「格物窮理」的問題，研究他如何將「格物窮理」的工夫納入陸學的心學體系之中，並且簡單論述與吳澄並列為元代「和會朱陸」兩大代表學者的鄭玉，以凸顯吳澄思想的特色。在此章，我將提出本研究的主要論點，即吳澄以陸學為體，朱學為用的思想。這三章結合起來，基本上便能對吳澄的理學思想提出一個全新的解釋，並看出其思想在元代的特殊地位。

　　前四章，筆者討論吳澄思想的「內在理路」。因此在第五章，筆者把研究的視野從個人拉高至整個江西地區，從「外緣因素」解釋吳澄學形成的歷史地理背景。筆者將論證，事實上陸學在元代江西地區並未如過去學者所認為的那樣衰

落，而是潛爲一股深厚的暗流，深深影響著當地儒者，包括朱子的傳人在內。最後，筆者也將分析陸學在江西地區能夠歷久不衰的思想背景，點出書院、地域意識、宗教氣氛三項維繫陸學不滅的重要因素。

陸學爲體　朱學爲用：
從「工夫」論吳澄

目　　錄

胡　　序 ……………………………………………………… 1

摘　　要 ……………………………………………………… 3

第一章　緒　　論 …………………………………………… 7

一、研究動機 …………………………………………… 7

二、研究回顧 ………………………………………… 11

三、問題意識與研究方法 …………………………… 13

四、章節安排 ………………………………………… 23

第二章　吳澄的晚年定論 ………………………………… 25

一、元代儒學的危機 ………………………………… 25

二、「不可言傳」 …………………………………… 30

三、象山之巓 ………………………………………… 42

四、小　　結 ………………………………………… 46

第三章　吳澄的早年工夫 ………………………………… 49

一、宋代理學工夫論 ………………………………… 49

　　二、吳澄工夫論的形成 ……………………………………53

　　三、由朱入陸或者棄朱從陸？ …………………………73

　　四、吳澄學術傾向的定型 …………………………………77

　　五、小　結 …………………………………………………78

第四章　吳澄的「窮格之功」── 兼論鄭玉 ……………81

　　一、博學與著述：吳澄的「窮格功」 …………………81

　　二、博學著述有害修養 ── 陸學者的普遍想法 ………84

　　三、吳澄的博學論 …………………………………………86

　　四、吳澄為何著述？ ………………………………………96

　　五、吳澄的著述與陸學精神 ……………………………100

　　六、鄭玉的「和會朱陸」 ………………………………107

　　七、小　結 ………………………………………………115

第五章　饒魯學派、臨川陸學及其形成背景 …………119

　　一、元代江西陸學消失了嗎？ …………………………119

　　二、饒魯學派與臨川陸學 ………………………………122

　　三、江西陸學的背景分析 ………………………………134

　　四、小　結 ………………………………………………153

第六章　結　論 ……………………………………………157

附錄一：吳澄思想輯要編年 ………………………………165

附錄二：滴血認親 ── 從吳澄與道士的
　　　　交往看他的「闢老」策略 ……………………………169

參考資料 ……………………………………………………195

第一章　緒　論

一、研究動機

在儒學史上，相較於大師輩出的宋、明兩代，夾縫其間的元代相對較受忽略。在這九十年中，沒有周、張、二程，沒有朱、張、呂、陸，當然也沒有鼓動時勢、吹起風潮的思想英雄王陽明。然而，元代畢竟有九十年，不長也不短，總是有些什麼值得注意的思想。葛兆光倡議學者應將眼光從「唐宋」轉向「宋明」，前者研究菁英的「創造性思想」，後者應注意「妥協性思想」，對筆者深具啓發性。葛氏所謂的「妥協性思想」，所指爲宋代理學家的「創造性思想」在普及深化於社會時，不可避免的對現實的權衡與妥協，牽涉到社會史、文化史諸多領域。[1]但筆者認爲，在宋到明這個時期的思想史，值得關注的絕不只「妥協性思想」。因爲思想是有機的，靈變的，宋人的「創造性思想」即使宏觀地看較爲耀眼而富有創造性，也不可能僅在那百年不變。

宋代理學最後殿軍的兩大支柱便是朱學和陸學，這兩派學術之間的張力成爲宋明之間理學思想演變的主要動力。朱

---

1 葛兆光，〈「唐宋」抑或「宋明」—文化史和思想史研究視域變化的意義〉，《歷史研究》，2004 年，第一期。頁 22。

熹和陸象山的哲學之間似乎真的存在章學誠所說的「千古不可合之同異」。[2]傳統上一直有朱子重視「道問學」，陸子重視「尊德性」的說法。但據現代學者的研究，此二家之思想的根本差異在於朱子分「心」與「理」為二，而陸象山則是「心即理」。[3]在工夫上，朱子主張先讀書以格物窮理，有所累積之後便能「豁然貫通」；陸象山則主張「先立乎其大」，啟發人心之主體內涵潛能，再去泛觀博覽。象山學的工夫，更多了對「神秘經驗」（mystical experience）的追求，這又為朱子所不喜。[4]余英時認為，朱陸二子分別代表了以薩柏林（Isaiah Berlin）所謂的「狐狸」與「刺蝟」，是一切思想家與作家的兩大類型。余氏又引用雷努維爾（Charles Renouvier）的說法解釋朱陸之異，認為「人類精神中具有兩種互相衝突的傾向」，且這種衝突是「思想史上的永久特徵」。[5]朱陸之爭，令後代思想家頭痛不已。

　　朱子和陸象山在世時，兩派之間的辯論便開始了。朱子指陸象山為禪，而陸象山則譏朱子「學不見道」。兩派爭執在

2　（清）章學誠，《文史通義・朱陸》（台北：廣文書局，1981），卷3，頁19。

3　參閱牟宗三，《從陸象山到劉蕺山》（台北：學生書局，2000），頁8-11。黃進興也發現，朱熹的「性即理」而不等於「心」所呈現出的人性論中的二元論傾向，這與牟宗三的觀點若合符節，但他又特別強調象山之「心」是「超越時空普遍的心」，缺乏朱熹的心所具有的歷史文化要素。【黃進興，〈「朱陸異同」——一個哲學詮釋〉，收入田浩編；楊立華、吳豔紅等譯《宋代思想史論》（北京：社會科學文獻，2003），頁430-440。】

4　參閱陳來，〈儒學傳統中的神秘主義〉，《中國近世思想史研究》（北京：商務印書館，2003）。

5　余英時，《論戴震與章學誠》（北京：三聯書店，2005），頁82-83。

二位宗師去世後並未止息，反而加劇。在朱門內，以陳淳對
象山口誅筆伐最爲激烈，他直指陸門爲「不師孔，不師孟」
的「吾道之賊」。[6]經過門人不懈的努力，朱子學在元代被奉
爲官學，聲勢壓倒陸學。從此朱學成爲儒學正宗，傳遍全中
國。反之，陸學則趨於消沈，僅在浙江四明地區仍公開流行
著，連它的發源地江西似乎也被朱學攻陷了。

　　之所以關注吳澄，正是因爲筆者認爲他是宋明之間「創
造性思想」轉變的樞紐人物。吳澄（1249-1333），字幼清，
號草廬，江西撫州崇仁縣人。元代學者揭傒斯曾說：「皇元受
命，天降真儒，北有許衡，南有吳澄。」[7]他無疑是元代理學
巨擘，在當時學界有舉足輕重的地位。他在理學史上最具話
題性的「朱陸之爭」中，佔了最具話題性的位置。自元至今，
學者對吳澄的學術傾向於朱或是陸，爭議將近七百年而未有
定論。吳澄幼年自學程朱學，用功甚深。他十六歲拜於朱子
三傳程若庸（朱子 → 黃榦 → 饒魯 → 程若庸）門下，又曾
問學於主張「道一」（朱陸之道一）的程紹開。他自詡爲朱子
之後繼承道統的人，卻又視象山爲偶像，給予象山高過任何
人的評價。他終生遊走朱陸之間，而在晚年一再感嘆陸學無
傳。其思想之演變與形成，確實令人摸不著頭緒，而其學之
莫測高深也成爲他最大的吸引力。吳澄思想近年來開始引起

---

6 張加才，《詮釋與建構 ── 陳淳與朱子學》（北京：人民出版社，2004），
　頁 41。
7 （元）吳澄，《吳文正集》附錄，《景印文淵閣四庫全書》集部 136，頁
　949。

重視，但我們對他的研究卻仍然不夠。究竟他有怎樣的理學思想？他對朱、陸之學各有何評價與定位？又如後重構朱陸之學？他在宋明理學史中佔據什麼位置？

　　從明代往回看，研究吳澄的理學又可促進對波瀾壯闊之陽明心學思潮起源的追溯。通常學者回顧王學淵源，必定提及陳憲章（白沙）和吳與弼（康齋）。陳白沙雖然自命承繼程朱之學，究其實則近於心學。他的老師吳康齋不好著述，僅留下文集十二卷。他也不愛抽象思辯，而更關注於包含「靜觀」在內的實踐工夫。[8]這與著作等身又堅闢禪學的朱子顯有差別。《明儒學案》中，黃宗羲以吳與弼的「崇仁學案」爲第一卷，並贊之曰：「微康齋，焉得後世之盛哉？」[9]顯以吳康齋爲明代心學之端。那麼在吳康齋之前的元代心學發展又是如何？對此，近人有所謂「朱陸和會」與「朱陸合流」的說法，而吳澄總被視爲此一思潮的代表。[10]但「朱陸和會」的內涵又是什麼？是拼湊或是融會？是朱包含陸還是陸包含

8　參閱朱漢民，〈吳與弼的教育思想和明代的心學思潮〉，《江西社會科學》，1992 年，第六期。
9　（清）黃宗羲，《明儒學案》（台北：河洛圖書，1974），卷 1，頁 1。
10　關於元代朱陸和會思潮，可參看以下著作：1. 唐宇元，〈元代的朱陸合流與元代的理學〉，《文史哲》，1982 年，第 3 期。2.蒙培元，《理學的演變—從朱熹到王夫之、戴震》第三章「元代時期理學的演變」（北京：方志，2007），頁 129-166。而廣義的朱陸合流的思潮，事實上一直延續到明末。以焦竑爲例，他雖然是左派王門的一份子，卻也重視心的認識（knowing）能力，視之爲諸多美德得以實現的前提，而此「認識」則包括內在的體悟「空性」（empty）和對外在事物的認知。【Edward T. Ch'ien（錢新祖），*Chiao Hung and the Restructuring of Neo-Confucianism in the Late Ming*（New York: Columbia University, 1986），p228-230.】

朱？他們如何建構「和會朱陸」的理論？對此問題的細緻研究，目前還是很少見的。此一灰色地帶之明朗化，關係到象山至康齋之間的心學傳承空白能否被填補。在此，吳澄研究顯得格外重要。

自地域研究的視野來看，象山、吳澄、康齋都是臨川人（康齋又與吳澄同爲崇仁縣人），而婁諒、白沙師康齋，陽明亦曾師婁諒。由此看見江西臨川的心學能量極高，堪稱心學思想的發散地。藉由吳澄思想研究，也能使我們對臨川學風有更多的認識。

二、研究回顧

從元代到今天爲止，對吳澄的理學學術傾向，大約可歸納爲以下幾種看法：1.吳澄是陸學。2.吳澄和會朱陸但趨近於朱。3.吳澄主張打破宗派藩籬，自居爲北宋理學，而非調和朱陸。4.吳澄在德性踐履上的工夫入路調和朱陸，卻未對朱陸分歧的哲學理論，如太極說、心即理/性即理說做調和之嘗試，失卻真實會通兩家的契機。第一種以清代李紱[11]和今人王素美[12]、林繼平[13]爲代表。持第二種看法的學者最多，主

---

11 （清）李紱，《陸子學譜》卷 18〈私淑上〉。引自楊朝亮，《李紱與陸子學譜》（北京：中國社會科學，2005），頁 99-100。

12 王素美主張吳澄朱陸會合而偏於陸。比如他認爲吳澄會和「易簡」與「精密」而偏於易簡，又會合「尊德性」與「道問學」而偏於尊德性，認爲「他對道問學的重視，只不過是作爲尊德性的一種手段而已」。參見王著，《吳澄的理學思想與文學》（北京：人民出版社，2005），頁 87、125。

13 林繼平，《宋學探微》下冊（台北：蘭臺，2001），頁 771-780。林繼

要有全祖望[14]、今人陳榮捷[15]、日人福田殖[16]、徐遠和[17]、方旭東[18]及 David Gedalecia[19]等人。第三、第四種則分別屬於錢穆和曾春海個人的獨特見解。[20]

　　眾說紛紜，主吳澄為陸學之說者，通常無法解釋為何吳澄對學者多教以朱學之「敬」法，又特愛著書立說。而錢穆先生的看法，則不能解釋吳澄在十九歲時對朱陸之異的疑懼，及其後產生的思想轉折。至於曾春海的第四種看法，筆者認為乃是他不明在理學思想體系中，修養工夫的比重實不亞於抽象思辨而產生的偏見。惟第二種看法，認為吳澄和會朱陸而以朱為主，論述堅強，陣容浩大，幾可成為此公案之最後定論了。但其中有一共通之問題，便是對怎樣算宗朱、怎樣算宗陸定義不清楚。有學者依吳澄對朱陸二人評價之言談來判斷，認定吳澄雖然尊陸，但仍以朱子繼承人自詡（陳榮捷、福田殖）；另一些學者則是從理論內涵切入，認定吳澄

平先生毫不猶豫地將吳澄劃歸「陸子學派」，並斷言：「象山以後，類似象山，深知象山者，只草廬一人而已。」林氏對象山學研究甚深，其著《陸象山研究》為此學術領域中之經典。然《宋學探微》一書立論過於倚重個人禪修經驗，故雖具參考價值，卻較缺乏現代學術應有的客觀分析與實證，筆者姑且備其說於此供讀者參考。

14　（清）黃宗羲，《宋元學案》（北京：中華書局，2007），卷 92，頁 3036。

15　陳榮捷，〈元代之朱子學〉，氏著《朱學論集》（上海：華東師範大學，2007）。

16　福田殖，〈吳澄小論〉，《中國文哲研究通訊》，第 8 卷，第 2 期，頁 31。

17　徐遠和，《理學與元代社會》（北京：人民出版社，1992），頁 124。

18　方旭東，《吳澄評傳》（南京：南京大學出版社，2005），頁 7。

19　David Gedalecia, The Philosophy of Wu Ch'eng: A Neo-Confucian of the Yuan Dynasty （Indiana: Indiana University, 1999）, p137.

20　錢穆，〈吳草廬學述〉，《中國學術思想史論叢（六）》（臺北：東大，1993），頁 69-72。曾春海，《陸象山》（台北：東大，1988），頁 204。

的理學思想實近於朱子（方旭東、徐遠和）。此外，學者通常對吳澄只做靜態之觀察，對其學之形成過程缺乏深入分析，以致忽略朱學與陸學在吳澄心中動態的融合辯證過程。

我們究竟該採用哪一種判斷標準呢？是直接評價，還是理論內涵？筆者以爲，吳澄對陸象山的崇敬無以復加是不爭的事實，因此他對朱陸的直接評論是一項不得不採納的重要根據，即使他在理論上接近朱子，我們也不該忽略這種崇敬的思想史意義。因爲吳澄會給陸子以最高評價，背後必有其判準，而此一判準對吳澄而言其位階可能高於他對朱子的諸般採納，讓吳澄能夠一面崇奉陸子爲最高，一面參考朱子之言而不感到矛盾。此一判準，便要從他的理論中尋找。理學有諸多範疇，包含宇宙論、本體論、心性論、工夫論，如果要說吳澄接近朱子或陸子，須辨析他最重視在哪一範疇的討論，而其在該範疇的理論內涵接近何者。

三、問題意識與研究方法

本研究所要探究的是吳澄理學之真貌及其形成過程與形成背景。在元代，理學只剩朱陸兩大派。從事理學的儒者，事實上非朱則陸，非陸則朱，或者融合二家，絕無自造體系者。因此要了解吳澄理學之真實內涵，探究他的朱陸傾向，及其對朱陸之學的辯證過程是最爲捷徑。

我們該以哪一範疇作爲標準判斷吳澄的理學取向呢？陳來認爲宋明理學有四大特色，其中第一項便是「以不同方式爲發源於先秦的儒家思想提供了宇宙論、本體論的論證」。

[21]而南宋理學大師如朱子、象山，也都留下了爲了凸顯其早慧的，從小就思考宇宙問題的記錄。[22]葛兆光指出，這些故事都「暗示了理學追問超越世界的取向」，「總是試圖把握一種根本的、超越的『道』或『理』，尋找可以『一以貫之』的終極解釋，正因爲如此他們才成爲『理學』或『道學』」。[23]可以確信，本體論、宇宙論確實在宋代理學中佔有極重要的位置。然而，陳榮捷先生指出：「元儒既偏重經世實務，因而不欲從事玄思，形而上，或上達之學。」[24]陳氏又提及朱熹的傳人黃榦「於道德修養較之哲學上之探求，更有興趣」，[25]可見在宋元時期有許多理學家相對較重視修養工夫。

　　元儒的爲學旨趣，亦表現在吳澄身上。後人對吳澄的記載都偏向他對理學涵養工夫刻苦的實踐。在吳澄看來，「真儒之學」就是一種涵養工夫，必須是實踐的。當然，吳澄不可能對「理」、「氣」等抽象議題毫無研究。他年輕時也寫過一篇討論「理」的文章，這篇文章前面三分之一討論什麼是「天」，接著衍生出「理一分殊」、「理先氣後」的典型程朱理學命題，但後來便發展到如何持敬修身，及持敬修身的本體

21　陳來，《宋明理學》（上海：華東師範大學，2003），頁 11。
22　《宋史‧道學傳》記朱子：「甫能言，父指天上示之曰：『天也』。熹問約：『天之上何物？』松異之。」《儒林傳》則記載陸象山：「生三四歲，問其父親天地何所窮際，父笑而不答，遂深思，至忘寢食。」【（臺北：鼎文書局，1980），頁 12751、12880）】
23　葛兆光，《中國思想史》第二卷（上海：復但大學，2001），頁 235。
24　陳榮捷，〈元代之朱子學〉，《朱學論集》，頁 204。
25　陳榮捷，〈元代之朱子學〉，《朱學論集》，頁 204。

論根源上。[26]而〈無極太極說〉一文是他的研究心得，[27]此外幾乎所有論及本體的文字都是爲應答而作。比如其〈答人問性理〉以數行闡述本體論，[28]此外還有〈答海南海北道廉訪副使田君澤問〉三書，[29]而〈原理〉一文則是一篇吳澄自己並不重視，只反映提問者對本體論之愛好的文字。[30]吳澄一生中有關本體論的文字，我們目前能看到的都集中在以上諸文中。這裡頭自發而作的有三篇，應答而作的有四篇，而教人如何涵養修身的文章在一百卷《吳文正集》中則不計其數。對此，連主張吳澄爲朱學的方旭東，也發現吳澄在郡學講「修己以敬」一章累萬餘言的事實。[31]因此，相較於本體論或宇宙論，吳澄真正關懷提倡的主要是「尊德性」的實踐涵養工夫。[32]曾春海對吳澄的批評，便是昧於此一事實而產生的。

26　（元）吳澄，〈理一箴〉，《私錄綱領》，《吳文正公外集》（台北市：新文豐，1985），頁 120。

27　（元）吳澄，《吳文正集》，卷 4，頁 60。

28　（元）吳澄，《吳文正集》，卷 2，頁 32-34。

29　（元）吳澄，《吳文正集》，卷 3，頁 38-59。

30　方旭東，〈吳澄傳記資料纂證〉，《吳澄評傳》附錄，頁 320。另外〈原理〉一文見於吳澄，《吳文正集》卷 1，頁 14-17。

31　方旭東，〈吳澄傳記資料纂證〉，頁 321。

32　當然，工夫與本體不會沒有聯繫。比如朱陸思想之差異，與他們對宇宙本體的看法有緊密的關連。陸象山對宇宙的概念可用「無窮」一詞概括，他十三歲時讀古書至「宇宙」二字之解，便悟道：「元來無窮。人與天地萬物皆在無窮之中者也。」接著便推出：「宇宙便是吾心，吾心即是宇宙。」的經典命題。宇宙無窮，因此對他來說，「宇宙不曾限隔人，人自限隔宇宙」。【〈陸九淵年譜〉，《陸九淵集》（北京：中華書局，1980），頁 482-483】同樣是幼年的思考，朱子便與象山不同，他的宇宙並非無窮，而是「見人說四方無邊，某思量也需有個居處。如這壁相似，壁後也需有什麼物事」。【（宋）黎靖德編　王星賢點校，《朱子語類》（北京：中華書局，1985），卷 94，頁 2377】兩相比較

而方旭東雖然注意到吳澄對工夫的關注，卻沒有將其作爲研究重點。[33]

　　從方法論來看，筆者以爲目前學界的吳澄研究隱含兩大關鍵缺失：

　　1.不夠歷史。所謂不夠歷史有三層涵義，其一爲未將吳澄思想與其時空背景相結合，置於其歷史地理場景中來思考。而以歷史眼光來研究吳澄者，通常又失之太淺，未能曲盡其心之幽微。其二是，不夠重視吳澄本身所重視的問題，而是抱著一個自己的問題（通常是理學上的「某某論」的問題），去拼湊、歸納吳澄對於該問題的見解，如此一來便很難掌握其學之真精神。用吳展良教授研究嚴復所提出的說法，這就是「被研究者主體性的失落」。[34]其三，一個時代是一段歷史，個人生命也是一段歷史，一個人的思想有其演變與形成之過程，如此研究才不平板。

───────────

可以發現，象山因悟得宇宙之無窮盡，轉而向心內求索，而朱子則不滿足於無窮，非要探得宇宙究境不可。一向內求，一向外窮，兩人的學術性格判然分明，自小便看出差異。性格差異使兩人採取了不同的成聖工夫，不同的工夫有不同的體驗，從而產生更大的學術差異。

33 方旭東的《尊德性與道問學：吳澄哲學思想研究》一書討論無極太極、理氣、心性等本體論的議題便佔了全書的一半篇幅。在《吳澄評傳》中則花了 140 頁討論這些議題。研究這些議題在宋明理學的內在脈絡上當然有其意義，但對吳澄來說，這些議題可能不是他的重點關懷項目。

34 「被研究者主體性的失落」是吳展良教授研究嚴復時所提出的問題，係針對過去嚴復的研究者不能對嚴復本身達到歷史性認知的批判。此一概念頗能適用於吳澄研究上。參見吳展良，〈嚴復早期的求道之旅─兼論傳統學術性格與思維方式的繼承與轉化〉，《台大歷史學報》，第 23 期，1999 年 6 月，頁 239-276。

　　2.不夠「宗教」。過去理學研究過於重視「理」、「氣」、「心」、「性」的本體論探討，使我們看見理學中「理性」的一面。但宋明理學不只有理性的一面，更有其宗教性。其實不僅理學，金春峰對中國哲學史研究的反思便認為：

> 中國哲學或中國思想，先秦以儒道兩家為代表，本來不僅奠基在理性之上，亦奠基在信仰之上。就理性一面而言，道家是卓越的代表。但老子的著作中所凝聚的理性、智慧，絕不是僅僅圍繞認識論、圍繞共相與殊相的關係展開的。……因此一當用西方式的「認識論」、用一般與個別、共相與殊相這把標尺去剪裁、切割時，它的智慧的深度、廣度，它的無限精彩的內容，就被弄得與民族之思想的生命、靈魂、它的活的運動、發展完全脫離關係了。[35]

　　金春峰又解釋理學上諸如「天理」、「天地生物之心」、「性即理」等觀念，指出「這些都是『信仰』堅定、『信仰』引導理性之『心靈』狀況在哲學上的反應」。[36]而對於王學的「良知」之說，又直指其「明確地肯認良知是超越的絕對，只能

---

35 金春峰，《哲學：理性與信仰》（台北：東大，1997），頁7。除此之外，近年儒學研究特重其宗教性質，尤其修行傳統，即所謂「工夫」是也。「體知」的認識方法即由此而生。換言之，除了經學以外，儒學很大程度上是對身心操作的深層研究，而非對客觀世界的探索與詮釋。不僅宋明理學，先秦儒學亦有此特色。此領域中筆者所知的重要著作還有楊儒賓的《儒家身體觀》（台北：中研院文哲所，1996）、楊儒賓與祝平次編的《儒學的氣論與工夫論》（上海：華東師範大學，2008）、及彭國翔的《儒家傳統 —— 宗教與人文主義之間》（北京：北京大學出版社，2007）。

36 金春峰，《哲學：理性與信仰》，頁14。

由啓示而自信，不能由解悟、玄思、極想所究明」。[37]彭國翔承襲此一思路，也強調「儒家非人文主義非宗教，而亦人文主義亦宗教」。[38]談到「信仰」與「啓示」，就不能忽略「工夫」。雖然不是絕對，但我們應可以說，信仰可由啓示而得，而啓示可由「工夫」獲得。信仰、啓示、工夫，外加儀式性行爲使理學的宗教性得以彰顯。[39]

　　當然，筆者也必須謹記彭國翔的提醒：「儒家傳統工夫論的發掘和彰顯，不能由於現代西方學術分類的限制而幻想在與西方現代學術絕緣的情況下以回到『舊學』的方式實現，只能積極主動地在與西方現代學術深度互動與交融的過程中達成。」[40]楊儒賓認爲工夫論放在當代的學術分類下考量，其範圍接近道德哲學或倫理學，也近於宗教學的「靈修」領域。[41]因此筆者必須對金教授所言之「良知」無法由「解悟」、「玄思」、「極想」所究明，這種似乎想與西方哲學脫勾的說法持保留態度。較持平之論，應該是邏輯性的玄思不能使我們「體會」，但「理解」卻是可能的。

　　宋明理學將成聖視爲爲學之極境，強調人的主體性發

---

37 金春峰，《哲學：理性與信仰》，頁 16。
38 彭國翔，〈《儒家傳統 —— 宗教與人文主義之間》導論〉，頁 11。
39 西方學者對儒學的宗教性也注意到了。可參考 Rodney L. Taylor, *The Religious Dimensions of Confucianism*（New York: State University of New York, 1990.）
40 彭國翔，〈儒家傳統的身心修煉及其治療意義 —— 以古希臘羅馬傳統哲學爲參照〉，《儒學的氣論與工夫論》，頁 233。
41 楊儒賓，〈《儒學的氣論與工夫論》導論〉，《儒學的氣論與工夫論》，頁 1。

展，而不是對這個世界做客觀的研究與認識，根據的是中國文化中不割裂「聖」、「俗」或者「天」、「人」的宗教傳統。而西方宗教思想慣於將「聖」/「俗」、神/人二分，人始終不可能成爲神，凡夫不具有神性。[42]因此「工夫論」作爲由「俗」通「聖」的方法論研究，應爲東方哲學所獨有，是人類思想史上的一個獨特領域。我們研究吳澄的理學，如果不著重他的工夫論，忽略吳澄真正關心的面向，必將造成各取所需、各吹各調的狀況。本文將關懷吳澄的關懷，思考吳澄的思考，主要就工夫論來探討他的學術傾向，將工夫論的位階置於理學其他範疇之上，進而還原其理學精神。筆者也期望能夠還置吳澄之言談於語境中，說出吳澄內心的真正想法。

唐君毅也爲本文的研究取徑提供一個重要的理論依據。他曾指出，朱陸異同的關鍵在於工夫：

> 朱子與象山在世時講學終未能相契，其書札往還與告門人之語或相斥如異端者，乃在二家之所以言尊德性之工夫之異。[43]

---

42 錢新祖也注意到了中國宗教傳統與工夫之間的關係。他指出：「在中國傳統裡，人與終極真際的天之間沒有任何本體上的對立，人不因爲是人而欠缺『天』性，因此人不具分裂的雙重性，而是一種等同於天的圓滿完整存有（holistic being）。……對他們來說，人之超越自我而成聖是人在本體上的自我義務，也是人的存有的自我實踐。」（錢新祖，〈中國的傳統思想與比較分析的「措辭」（rhetoric）〉，《台灣社會研究季刊》，第一卷第一期，1988，頁 204。）另外，關於中西不同的宗教傳統，以及西方知識份子對中國人缺乏宗教精神的誤解，除了本篇之外，還可參考錢新祖，〈儒家傳統裡的「正統」與多元以及個人與「名分」〉，《台灣社會研究季刊》，第一卷第四期，1988。
43 唐君毅，《中國哲學原論原性篇》，頁 551。

> 此同異固不在一主尊德性一主道問學，二家固同主尊
> 德性也。此同異亦初不在二賢之形而上學地討論心與
> 理之是否一，而初唯在二賢之所以尊德性而學聖賢之
> 工夫上。[44]

　　唐氏此說正好爲我們思考吳澄的學術傾向指引了一條
明路，也道出了吳澄的心聲。林永勝在其對中文學界的工夫
論研究回顧文章中也指出：

> 如果理學家本體、心性諸論的差異，與其工夫修持時
> 所體悟之經驗有密切關係的話，則對理學家進行分判
> 時，其工夫論的內涵，及其工夫論在理學中的體系歸
> 屬，也是值得進一步研究的課題。[45]

　　隨著近年來學者對理學工夫論的研究日形豐富，我們對
理學的認識更加立體而鮮活。

　　近年來，學者對「神秘經驗」或稱「冥契經驗」（mystical
experience）的重新發現，又讓我們對理學工夫的認識更深了
一層。除了較早由金春峰提到的儒學中的「信仰」和「啓示」
之外，余英時在 1997 年的〈士商互動與儒學轉向〉一文中，
便花了相當的精神論述明代泰州王門顏鈞的宗教體驗，並指
出「這是理學家『靜坐』所同有的經驗」。[46]陳來的〈儒學傳

---

44 唐君毅，《中國哲學原論原性篇》，頁 552。
45 林永勝，〈中文學界有關理學工夫論之研究現況〉，收入楊儒賓、祝平
　次編《儒學的氣論與工夫論》（上海：華東師範大學，2008），頁 264。
46 收入余英時，《中國近世宗教倫理與商人精神》（台北：聯經，2004），
　頁 230-246。

統中的神秘主義〉，[47]以及彭國翔的《儒家傳統：宗教與人文主義之間》一書，都對理學中的神秘經驗有很好的研究。這兩位學者對理學神秘經驗的研究都以陸王心學爲中心，告訴我們許多心學家工夫的造境有其超越一般感官經驗之處。他們不僅能體會天地萬物一體，甚至能夠預知生死。[48]像這類過去我們視若無睹的，總被我們視爲荒誕的記載，其實都有它深刻的意義。同樣重視「冥契經驗」的楊儒賓教授，也指出二程所提出的「觀喜怒哀樂未發前氣象」是最重要的儒門工夫論語言，並認爲「未發前氣象」是「從未萌發的潛伏狀態更深一層縱躍，進入另外的存在次元」。他使用「異質的跳躍」一詞來形容此一境界轉換的過程。[49]總而言之，這是對我們五官所難以經驗的「心氣同流」、萬物一體的之宇宙實相的感受。筆者以爲，我們可以選擇不相信他們的體驗，但卻必須承認我們研究的對象是相當認真地在記錄、敘述並且追求這種體驗，不能對它視而不見。

站在前賢的肩膀上，有了工夫論此一新的切入點，和對理學神秘經驗的認識，吳澄的學術傾向及其理學精神將更加明朗。在本文中，筆者將「工夫」定義爲：不是爲知識而知識的，而是以人之自身主體涵養爲目的，進而達到聖人之境

---

47 收入氏著《中國近世思想史研究》（北京：商務，2003）。

48 彭國翔在〈儒家的生死關切 ── 以陽明學者爲例〉一文中，提及王龍溪、王艮、羅汝芳、鄧以贊等人在面臨死亡時的從容，以及對死期的準確預知。而陽明學者將這種能力視爲高度修爲的表現。本文收入《儒家傳統：宗教與人文主義之間》頁 123-140。

49 參見楊儒賓，〈論「觀喜怒哀樂未發前氣象」〉，《中國文哲研究通訊》，第 15 卷，第 3 期，頁 36-37。

的一切實踐手段，它包含種種對身體、心靈的操作。而「工夫論」，自然是這種涵養活動的心得，以及以此種活動為基礎、為思考對象的相關論述。

最後必須指出的是，筆者絕對無意讓純粹的形上學分析成為本研究的全部，因而我將更重視思想背後的歷史因素。本研究期望發現吳澄學術傾向的真相，並探討他思想的形成過程，再分析醞釀其思想的歷史地理背景。而本研究也秉持余英時先生「史無定法」的精神，不標榜某一特定的研究方法，唯期望能曲盡吳澄之心跡，因此「詮釋」當為本研究最重要的方法。詮釋亦無定法，然有一定之原則。以往思想史研究之言論詮釋往往出現一種現象，即在引述論主之言論時，常不將其置入語境中考慮，「抽象」而論、「得意忘形」，而遽視之足以絕對地作為論主思想之表徵。這容易發生什麼缺失呢？比如我在某時某地對某人發表一段談話，這段談話可能出於我當下的某種考慮，具有某種特殊目的，可能是迂迴的、策略性的。若研究者將此言論抽離其語境，那麼這段當與其當時之特殊目的做連結方能呈現其策略性本質之話語，便會被孤立，而依研究者之想當然爾地被視為其由衷而發的一貫思想之表述。因此筆者在研究吳澄的學術依歸時，必將其話語與其話語之對象、當時之場景通盤考慮，以還原吳澄之本意。筆者將以此種詮釋的原則分析吳澄朱陸觀的晚年定論。

關於吳澄思想的形成，筆者將大量使用一般研究者較忽略的材料，即吳澄在二十二歲那一年自編的工夫論總集──《私

錄綱領》。他記錄了吳澄早年刻苦修煉「儒功」的經過，可看出各種工夫對吳澄思想之影響，是一部研究吳澄非常重要的小書。透過分析這部小書，我們能夠更加了解吳澄早年的工夫和思想演變，及其工夫和思想間的互動。此外，吳澄的《五經纂言》、《道德真經註》等著作也必須將之視爲吳澄思想的一部份反映，以打破過去研究者多僅就吳澄文集研究其思想的侷限。當然，筆者也將探討吳澄的師承，及其故鄉江西撫州臨川的地方學風及環境因素。

四、章節安排

本研究的章節安排，採取從小到大、由果溯因的模式。先探討吳澄之思想定論，再探討它的形成。先了解吳澄此人，再探討醞釀其思想的外緣環境因素。這樣倒敘的方式，目的是塑造一種懸疑效果，希望能使讀者藉由對現象之「果」的掌握，而有興趣追溯其「因」和「緣」。且我們如果能直接探討吳澄晚年的思想定論，能夠避免許多枝節。而這樣的安排，也符合筆者在研究過程中發現問題、找出解答、發現新問題、找出新解答的順序。它是自然生成的，並非事先架想出來的結構，彷彿中國山水園林在最低限度的人爲控制下，任景物展現其最純真自然的風貌。這樣的安排固然乍看之下缺乏結構性，然卻有其內在之邏輯，也最貼近筆者的真實研究歷程。

從第二章開始，筆者首先使用吳澄晚年的談話，探討他對朱陸之學的晚年定論，抓住其學術之最終取向。第三章，筆者將根據前章的研究結論，以他早年的實踐工夫爲主軸，

探討其思想之形成過程。在本章，筆者將以《私錄》爲主要的研究資料。在第四章，筆者要解釋吳澄思想中「格物窮理」的問題，探討他對格物窮理的看法及如何定位這種工夫。筆者也在此章中，簡單論述元代與吳澄並列爲「和會朱陸」兩大代表學者的鄭玉，以凸顯吳澄思想的特色。這三章結合起來，基本上便能對吳澄的理學思想提出一個全新的解釋，並看出其思想在元代的特殊地位。

　　前四章，筆者討論吳澄思想的「內在理路」。研究思想「史」，除了注重「內在理路」，更須注重「外緣因素」。因此在第五章，筆者把研究的視野從個人拉高至整個江西地區，並且論證事實上陸學在元代江西地區並未如過去學者所認爲的那樣衰落，而是成爲一股深厚的暗流，深深影響著當地儒者，包括朱子的傳人在內。最後，筆者也將分析陸學在江西地區能夠歷久不衰的思想背景，以期能夠對吳澄乃至於整個陸學思想做一個歷史性的理解。最後在第六章作結。

第二章　吳澄的晚年定論

一、元代儒學的危機

「宋明理學」已經是一個慣用的學術名詞了，這似乎暗示著從宋朝到明朝，理學生根、發葉、開花、結果，枝繁葉茂，一路暢行無阻。然而，在元代的理學家眼裡，儒學或者吳澄所謂的「真儒之學」其實面臨了生死存亡的關鍵時刻。除了整個儒學發生了危機，在儒學範圍底下的理學也發生了危機，而理學底下的朱學、陸學仍然都發生了危機。

從政治面來看。儒學在漢代以後元代以前，一直是形式上獨尊的官方意識型態，雖然常有君主個別地對佛教道教有興趣，卻無法撼動儒家的正統地位。對漢人而言，佛、道管的是出世的事，而世俗的事則需交給較具入世精神與理性主義色彩的儒家。到了元代，儒學那種長期在漢人社會中不言自明的價值居然受到根本的質疑。蒙古社會相對於漢人社會來講，是一個較為原始的游牧社會，他們尚未出現像儒家這樣為了統治龐大農業帝國而出現的複雜而相對理性的政治思想，有的只是一種與原始薩滿巫教分不開的政治文化。[1]對蒙

---

[1] 根據胡其德老師的研究，薩滿於 1206 年以前在蒙古社會擁有雄厚的勢力，在氏族社會裡，有的薩滿甚至兼族長。而十二世紀蒙古氏族社會

元統治者來說，以忽必烈而論，各宗教的創教者、先知與被膜拜的神明都是「預言人」，而其最高神都等同於薩滿教中的「蒙可騰格里」（長生天）。此外，各教的宗教人士，比如佛教的海雲、全真道的丘處機都被視爲「告天人」。[2]可汗對於宗教人士的重視，在於他們告天祈福。越具神通者，就越受可汗的重視，而儒生只是天意的解釋者，不等同於告天人。[3]他們對儒家思想在統治農業帝國的功用並沒有深切的體會，可想而知，儒生的「實用性」對蒙古統治者來說，實在不如神通廣大的僧道。

　　由統治者的觀念而影響到政策。元朝廷相對來講不大重視科舉，導致科考錄取率甚低，平均每年僅錄取 23 人。[4]雖然元代統治者並沒有刻意壓抑儒士，但也由於科舉錄取人數過少，使儒士面臨了嚴重的出路問題，轉而從事社會地位較低的吏職。[5]而在此一艱鉅的科舉環境中，錄取者又多出身南宋仕宦家族。據統計，南人進士出身於仕宦家庭者佔 66.1%，其中三代祖先具有宋代仕宦背景者又佔了 33.7%，遠多於曾

瓦解之後，薩滿仍有決定可汗人選的實力。在 1206 年至 1260 年之間，薩滿與可汗建立一種私人關係，爲可汗服務，並能因此左右政局。1260年以後，薩滿的地位才逐漸爲僧道所取代。見胡其德，《蒙元帝國初期的政教關係》（台北：花木蘭，2009），頁 95。

2　胡其德，〈蒙古碑刻文獻所見統治者的宗教觀念與政策〉，蕭啓慶編《蒙元的歷史與文化—蒙元史學術研討會論文集》（台北：學生，2001），頁 685-686。

3　胡其德，〈蒙古碑刻文獻所見統治者的宗教觀念與政策〉，頁 686。

4　蕭啓慶，〈元代的儒戶〉，氏著《元代史新探》（台北：新文豐，1983），頁 26。

5　蕭啓慶，〈元代的儒戶〉，頁 27。

經仕元的 14.5%。[6]十年寒窗而一舉成名的夢幻，似乎終究只能化爲泡影。元代儒者的惡劣處境，是元代儒學的第一大危機。

從儒學領域內部的矛盾來看，元代北方儒學流傳的仍是傳統的漢唐經學與文學。安部健夫把元代北方的儒士分爲「文章」與「德性」兩派，前者大約等同於學習漢唐經學、文學的傳統派，風格「重浮華、喜宴遊」，而後者則是以修養德性的「爲己之學」爲主，筆者認爲大約可視爲理學派。[7]在金代，科舉以詩賦、明經取士，當時的主流仍然是漢代以來的注疏記誦的經學，理學的影響微不足道，也沒有建立明確的師承授受體系。當時的著明學者，如李屛山、耶律楚材都是理學的反對者。即使到趙復北上之後，從整個北方學術界形勢觀之，理學也還遠遠沒有被士人普遍接受，金代學風仍佔統治地位。[8]由此可知，在元代北方，雖然理學已經悄悄興起，但舊學在當時仍是主流。且筆者以爲，南宋理學的流行多半要歸功於理學家在地方上的默默耕耘，比如陸象山的平民教育和朱熹的地方社會福利事業，[9]使其思想在社會上建立發展基

---

6 蕭啓慶，〈元朝科舉與江南士大夫之延續〉，氏著《元代的族群文化與科舉》（台北：聯經，2008），頁 175。

7 安部健夫，〈元代的知識份子和科舉〉，劉俊文主編、索介然譯：《日本學者研究中國史論著選譯》第五卷（北京：中華書局，1992），頁 671-678。

8 參見姚大力，〈金末元初理學在北方的傳播〉，《元史論叢》，1983。

9 余英時認爲「朱子可以說是專以『士』爲施教的直接對象」，而「陸象山則顯與朱子不同，他是同時針對『士』和一般民衆而立教」。見余英時，〈中國近世宗教倫理與商人精神〉，《中國思想傳統的近代詮釋》（台北：聯經，1987），頁 332。

礎，而元代北方理學發展之初當然沒有這樣的社會基礎。

　　從學術思想史的脈絡來看，學問的傳承往往呈現一條規律：開山祖師運用自己非凡的思考力和創造力，領悟了一套學問，這套學問傳給弟子之後，由於弟子過份重視老師對真理的權威詮釋，因而放棄思辯、反省而全盤接受，導致這套學問逐漸膚淺化、表面化、形式化而與生命脫節。又或者學生的思維無法達到老師的深度，而作出不符合原意的解釋。古往今來，不論儒釋道幾乎都逃不開這個命運，宋代的理學也是如此。理學本來作爲對失去生命力的漢唐章句訓詁之學加以改革的學問，但在程朱等人被奉爲改革的大宗師、繼承道統的聖賢之後，他們的話語成爲「次經典」（semiclassics）[10]被人供著、讀著、記著，能對他們進行思辯、詮釋、批判的學者已經很少了。葛兆光稱此現象爲「世俗化過程」。[11]這個思想史上常見的「世俗化過程」，在宋元之際的理學發展上，主要以三種現象呈現：1.朱陸門戶之爭。2.缺乏求知欲（「有行無解」）。3.缺乏實踐精神（「有解無行」）。而這三者又互相脫不開干係。又可以說，後面兩項病症構成了朱陸門戶之爭的絕大成分，朱陸後學黨同伐異，學術竟走入極端。

　　吳澄就是生存於這樣的時代。他一生的思想，無論是儒家/異端之辨或者是朱/陸之辨，都應著儒學的時代危機而發。他的應對之道爲何？面對這些歷久不衰爭議，他的結論是什麼？朱陸異同於吳澄是具有主宰性的思想議題，在他的

---

10 方旭東，《吳澄評傳》（南京：南京大學出版社，2005），頁55。
11 葛兆光，《中國思想史》第二卷（上海：復旦大學，2001），頁281。

一生當中，其言論或許時而偏朱時而偏陸。然筆者以為，一位思想家的思想，以其越接近晚年越為重要。人的思想總是有機的、流動的，縱然逝者如「思」，也終須沉澱於晚年。因此筆者擬先跨越他一生複雜崎嶇的辯證歷程，直接把握他的晚年定論。吳澄晚年給筆者最大的感受，是他對陸學傳承的焦慮，及各種有意無意的與學者提及陸學思想。如果我們重視吳澄理學思想的晚年定論，便很難不去關注這樣的訊息。

此外，筆者以為在人與人的溝通話語中，常常含有語言策略運作其中。這種語言策略可能是迂迴的。因此，我們解讀某個人的言談，不能只看他表面的意思，還必須觀察那是否為一種策略。如何觀察呢？比方說，觀察他在同樣的議題上，是否對每個人說的都一樣？對人所說，與自己所想是否一致？如果不一致，我們又不願將他設想為一位言行不一的偽君子，那麼我們只能考慮這其中的語言策略了。筆者認為，吳澄文集中有許多迂迴的話語，必須仔細推敲才能得其言外之意，在他晚年以前對人多講朱學而非陸學，就是一種不得不然之策。我們只要揭開這樣的策略，了解他不得不如此的原因，再觀察他一些較為私密而非學術交流性質的文字中透露的心聲，其對朱陸之學的真正態度便能浮現。在本章中，筆者便要嘗試推翻過去人們對吳澄的直觀印象，而從較細微的事實中推敲出吳澄的晚年定論及他的思想考慮。

筆者相信，天下沒有兩個相互矛盾的真理。吳澄推尊陸子是事實，用朱學教人也是事實，若我們相信吳澄是一位有信用的不會口是心非的思想家，則這兩個看似矛盾的事實，

必然能在更高的視野下得到一個圓滿的解釋。最後，本章所說的晚年，以八十歲以後為主。

二、「不可言傳」

（一）吳澄的感嘆

元至順三年（1332），吳澄八十四歲。這年，吳澄的第三個兒子吳京做了撫州路儒學教授，把吳澄迎至撫州城，聞風而來問學者無數。[12]有一位私淑於陸學的學子于珪，來請吳澄給他母親寫墓誌銘，吳澄在文中，感嘆陸學無傳的問題：

> 余每慨臨川金谿之士，口有言輒尊陸子，及訊其底裡，茫然不知陸子之學為何如。雖當時高弟門人往往多有實行，蓋未有一人能得陸子心法者。以學之孤絕而無傳，悕矣哉。余之接人非一，而鮮嘗以是告之，何也？度其必不以余言為然也。苟不以余言為然而與之言，余失言矣。珪之所自出固已涉陸門之津涯，而珪之質淳謹篤厚，可與進道，余不與珪焉語而誰語？[13]

吳澄這段話透露幾項重要訊息：1.臨川金谿的陸學風氣未衰，當地尊奉陸象山的人不少。2.吳澄認為陸象山門人無一人得到真傳。這番言論，除了暗示只有他自己瞭解陸象山

12　方旭東，〈吳澄傳記資料纂證〉，《吳澄評傳》附錄，頁 432。方旭東此文參考了虞集的《行狀》、揭傒斯的《神道碑》、危素的《年譜》及《元史本傳》，為目前考訂最為精詳的吳澄年譜。

13　（元）吳澄，〈故臨川逸士於君玉汝甫妻張氏墓誌銘〉，《吳文正集》卷 86，頁 815。

之外，還反映吳澄對象山學無傳的焦慮。這種焦慮，證明了
在他內心深處，陸學和朱學絕對是有差異的，否則如果他真
的打從心底認為「二師之為教一」[14]，則朱學有傳即是陸學
有傳，又何必焦慮呢？因此，「二師之為教一」這種話應該是
對別人講的，未必是他心裡所想，我們該研究吳澄內心深處
認為朱陸之差異究竟何在。3.吳澄曾經把這番言論告訴別
人，但別人不認同他，還引用孔子「不可與言而與之言，失
言」之訓來說明他的苦衷。這點也剛好能夠說明為什麼吳澄
要對人說「二師之為教一」，因為如果不折衷一些，對方可能
聽不進去，畢竟吳澄任國子司業時便是因為提到陸象山而落
人口實的，這樁有名的事件可能給吳澄不小的打擊。[15]不認
同吳澄言論的可能有兩種人，第一種是不相信陸學的朱子學
者，第二種是自認深得陸子心法的陸學者。不管是哪種情況，
都反映了吳澄對真正的陸學的堅持，和想要使真正的陸學大
明於世卻又動輒得咎的急切和無奈之情。

　　吳澄內心對陸象山的崇敬平時不大對人說，除了擔心話
不投機之外，更深層的原因是吳澄認為象山之學是「不可言
傳」的。金谿學者洪琳在家中重刻《象山語錄》，請吳澄為它
寫序，吳澄除了讚嘆「先生之道如青天白日，先生之語如震
雷驚霆，雖百數十年之後有如親見親聞也」之外，也道出了
他對陸學的真正看法：

　　青田陸先生之學，非可以言傳，而學之者非可以言求

14　（元）吳澄，〈送陳洪範序〉，《吳文正集》卷 27，頁 290。
15　（清）黃宗羲，《宋元學案》卷 92，頁 3037。

也。……嗚呼！道在天地間，今古如一，人人同得。
智、愚、賢、不肖、豐、嗇，焉能反之於身，則知天
之與我者，我固有之，不待外求也。擴而充之，不待
增益也。先生之教人蓋以是，豈不至簡至易而切實哉！
不求諸我之身而求諸人之言，此先生之所深閔也。今
之口談先生，心慕先生者比比也，果有一人能知先生
之學者乎？果有一人能為先生之學者乎？[16]

另外，吳澄為龍虎山道士所築的「本心樓」作記，也思
考了陸象山心學的問題：

今人談陸之學，往往曰：「以本心為學。」而問其所以，
則莫能知陸子之所以為學者何如。是本心二字，徒習
聞其名而未究竟其實也。夫陸子之學非可以言傳也，
況可以名求之哉！……一日豁然有悟，超然有得，此
心即陸子之心也，此道即聖人之道也。[17]

從以上兩條材料足以證明，吳澄認為象山學是很難用言
語傳達的。象山學之不可言傳可有兩種不同層次的解釋。第
一種是牟宗三先生的解釋，他說：「象山之學並不好講，因為
他無概念的分解，太簡單故；又因為他的語言大抵是啟發語，
指點語，訓誡語，遮撥語，非分解地立義語故。」[18]這是就
表達方式而論。在哲學理論上，牟宗三引用康德之說，認為
陸象山的「本心即理」是「意志底自律原則」而朱子的道德

16　（元）吳澄，〈象山先生語錄序〉，《吳文正集》卷 17，頁 191。
17　（元）吳澄，〈仙城本心樓記〉，《吳文正集》卷 48，頁 499-500。
18　牟宗三，《從陸象山到劉蕺山》（臺北：學生書局，2000），頁 3。

理論爲「意志底他律之原則」[19]，而勞思光則指出「陸氏之
『心』本身是價值標準之根源，本身是一『普遍者』」。[20]讓
意志能夠自律，讓心成爲價值標準之根源而不求諸外於心的
言語文字，是一種「至簡至易而切實」的工夫。但難也就難
在這裡。要有這種自覺需要悟性，因此吳澄才會說「一日豁
然有悟，超然有得，此心即陸子之心也」。以上是可以「理解」
的解釋法。第二種解釋法需要更深入一層追問，何以象山能
夠肯定「心」是價值標準之根源呢？這牽涉到關於「神秘經
驗」的證悟工夫了。陳來綜合著名宗教學家 William James
和 W.T. Stace 的神秘體驗研究道：

> 神秘體驗是指人通過一定的心理控制手段所達到的一
> 種特殊的心靈感受狀態，在這種狀態中，外向體驗者
> 感受到萬物渾然一體，內向體驗者則感受到超越了時
> 空的自我意識即整個實在，而所有神秘體驗都感受到
> 主客界限和一切差別的消失，同時伴隨著巨大興奮、
> 愉悅和崇高感。宗教徒十分重視它，並以此作爲教義
> 的經驗驗證。[21]

但陳氏忽略了一點，那便是 James 和 Stace 兩位宗教學
家，他們都提到了此種經驗的「不可言說」，或者「超言說」
的特性。[22]陳氏以此解釋陸象山十三歲時得到的「宇宙無

---

19 牟宗三，《從陸象山到劉蕺山》，頁 8-11。
20 勞思光，《中國哲學史》三上（台北：三民，1981），頁 361。
21 陳來，〈儒學傳統中的神秘主義〉，《中國近世思想史研究》，頁 310。
22 請參閱〔美〕William James 著、唐鉞譯，《宗教經驗之種種》（北京：
　　商務，2002），頁 377。以及 W.T. Stace 著、楊儒賓譯，《冥契主義與

窮」、「宇宙便是吾心，吾心即是宇宙」的體悟道：

> 治理學的人多從理性上了解象山「吾心便是宇宙」這
> 些話，這些話並不是不能加以理性的解釋，但我們從
> 陸王心學的神秘體驗傳統來看，必須在理性的了解之
> 外，加以神秘體驗的說明，才更加順理成章，亦庶幾
> 可以理解十幾歲的象山何以會講出這一番驚人的話
> 來。[23]

　　此外，陳氏又指出「正如明代儒學的神秘體驗多出於王
學一系，宋代儒學的體驗也較多見於陸學」，接著又舉了象山
弟子楊簡、詹阜民、袁燮通過靜坐工夫而得到的神秘體驗，
說明這種現象在陸門之內是普遍存在的。[24]當代對心學家，
尤其是陸象山、李二曲有獨到研究的林繼平教授，他綜合自
身的禪修及學術研究經驗，指出中國哲學史上，不論是佛、
道、宋明理學（心學較多）都對一種「形而上的靈光四射的
本體」有證悟經驗，並以此本體作爲其哲學思想的核心要義，
而對此本體之證悟則爲修持涵養之最高境界。他引用李二曲
之言，描述此本體「寐猶不寐，晝夜昭瑩如大圓鏡」。[25]像這

哲學》（台北：正中，1998），頁 90、132。
23 陳來，〈儒學傳統中的神秘主義〉，《中國近世思想史研究》，頁 325。
24 陳來，〈儒學傳統中的神秘主義〉，《中國近世思想史研究》，頁
　 320-325。陳來引用楊簡的《絕四記》說：「一日覺知，此心無體，清
　 明無際，本與天地同，範圍無內外，發育無疆界。」和《象山全集·
　 語錄下》卷 35 詹阜民自述：「一日下樓，忽覺此心已復澄瑩中立，竊
　 異之，遂見先生。先生目逆而視之，曰：『此理已顯也』。某問先生何
　 以知之，曰：『占之眸子而已。』因謂某：『道果在邇乎？』某曰：『然。』」
　 來說明神秘體驗多發生於陸王學派。
25 林繼平，《我的治學心路歷程》（台北：蘭台，2000），頁 15。其他相

樣充滿宗教神秘意味的敘述，在過去學術界一般都被視而不見，因爲它實在超過了我們的經驗範圍之外。然而，根據William James 和 W.T. Stace 兩位哲學家對東西歷史上有此經驗之人所作的精密研究，我們可知此種經驗可能不是信口胡謅的，也可能不是一種靠著想像力與邏輯推理建構出來的東西。這種一般人看來不可思議的體會，自然是無法用言語來論證了。筆者認爲，吳澄之所以宣稱象山學乃不可言傳之學，包含了牟宗三與陳來兩位先生所說的兩種可能，而以陳來先生所言爲更深之層次。吳澄亦曾有類似神秘體驗之經驗，筆者於後章將提及。可以說，吳澄的「二師之教一」講的是朱陸二子他們都有同樣的目的便是成聖，目標相同而工夫有異。而吳澄認爲朱陸之學的差異便在於陸學的工夫太「簡易」且神秘，需要很高的悟性，不是常人能理解的，他平常沒辦法對人講。

　　吳澄認爲象山之學是很講天分的，是不可言傳的，下面幾則故事可以爲證。有一位陸學者包宏齋（即包恢，象山弟子包揚之子），他爲他的彌甥吳良金（字仲堅）向吳澄求「字說」。吳澄在文章當中說明天理人欲的道理，並在文末強調：

> 包公學吾陸子之學，其剖決於理欲之幾必有其說，亦嘗聞之否乎？予言何益於子哉！[26]

　　顯然吳澄認爲陸象山之關於天理人欲的說法已經夠完備了，自己不需要再錦上添花了。

關敘述，還可參考林教授所著之《李二曲研究》、《宋學探微》。

26　（元）吳澄，〈吳仲堅字說〉，《吳文正集》，卷7，頁94。

另一個與陸象山同樣出身金谿縣的學者，名叫王頤貞。他「八歲能吟詠，十五通五經大義」，曾經對同學說：「與求務外而求合諸人，孰若務內而求合諸天？」頤貞十九歲去拜見吳澄，吳澄告訴他：「子陸九淵鄉人也，盍歸而求之。」然後頤貞隨即對吳澄「辨悉陸子性天義利指歸處」，令吳澄嘆服。[27]王頤貞自己能領悟象山的「務內」之學，並能對吳澄侃侃而談，可見他的才性接近陸象山。吳澄看出這一點，因此也不再建議他讀朱子的書了，只要他照著這條路走下去就沒有錯。

還有一位叫劉大博的文人，是宋代太學博士，也是金谿人。他「年十七而登陸子之門，二十四而入學，二十九而釋褐，四十四而遽終」。吳澄稱讚他「胸懷皎潔坦易，略無塵滓嶔崎，蓋其天資超特，人物偉然，自宜居當世之第一流」，卻又「深惜其達之太早，不得久於親師。又惜其逝之太速，不得竟其務學」。[28]我們該注意的是，吳澄惋惜的不是別的，而是像劉大博這樣天才的人，不能跟隨陸象山久一些，不能學象山學多一些。要是劉大博能全養天年，這世上便多一人能弘揚象山之學了。惋惜之餘，吳澄為他的文集添了篇序。

除了讓陸學者好好向陸象山學習，吳澄也常常向象山鄉人推薦象山之學。但若發現對方才性不合適，他也會因材施教，不堅持陸學。金谿縣人陳洪範，他走了三百里路來請學於吳澄。吳澄卻告訴他：

---

27 以上見於《撫州府志》（台北：成文，1975），卷57，頁977。
28 （元）吳澄，〈金谿劉大博文集序〉，《吳文正集》，卷22，頁233。

子之鄉，陸子之鄉也。陸子何如人哉，亦嘗頗聞其遺
風乎？夫朱子之教人也，必先之讀書講學。陸子之教
人也，必使之真知實踐。讀書講學者固以為真知實踐
之地，真知實踐者亦必自讀書講學而入。二師之為教
一也，而二家庸劣之門人各立標榜，互相詆訾，至於
今學者猶惑。嗚呼！甚矣，道之無傳而人之易惑難曉
也！[29]

這段資料常被學者拿來作為支持吳澄和會朱陸的證
據，並就此認定吳澄主張「二師之為教一」。然而，根據本文
前面的推論，吳澄並非真心認同二師之教一，而是目標相同
而方法有別，他認為陸子的工夫是較簡易而高明的。吳澄之
所以對陳洪範說二師之為教一，其目的必定是消除陳洪範對
陸象山的疑惑與誤解。畢竟，陳洪範出身金谿縣，與象山同
鄉，怎麼可能不知道象山呢？他不知求象山之學，或許是資
質秉賦所致，因此吳澄給了他一些建議：

為子之計，當以朱子所訓釋之四書朝暮畫夜，不憚不
輟，玩繹其文，探索其義。文義既通，反求諸我。書
之所言，我之所固有，實用其力，明之於心，誠之於
身，非但讀誦講說其文辭義理而已。此朱子之所以教，
亦陸子之所以教也。[30]

如〈象山先生語錄序〉所言，對吳澄而言，真正的陸子
之教是「天之與我者，我固有之，不待外求也。擴而充之，

29　（元）吳澄，〈送陳洪範序〉，《吳文正集》，卷 27，頁 290。
30　（元）吳澄，〈送陳洪範序〉，《吳文正集》，卷 27，頁 290。

不待增益也」，毋須透過四書。甚至認爲「不求諸我之身而求
諸人之言，此先生之所深閔也」。但「求諸我之身」需要一些
悟性，或許吳澄看出陳洪範之才性不適合象山之學，才這麼
建議他的吧。

　　吳澄雖然不大對人談象山之學，卻積極地向陸學者和象
山鄉人推薦這位鄉先賢，因爲這兩種人對象山比較抱有溫情
敬意，不易滋生誤會。如果遇到資質合適的學者，吳澄便要
他回去學象山之學，而不合適的就推薦他學朱子，但仍不忘
提醒他朱陸爲學的目標是一致的，不致使他產生門戶偏見。
與吳澄同時代的鄭玉曾辨朱陸異同道：「陸子之高明，故好簡
易。朱子之質篤實，故好邃密。各因其質之所近，故所入之
途不同。及其至也，仁義道德，豈有所不同者？」[31]此說與
吳澄所見略同。總而言之，吳澄並不認爲有任何一門的工夫
是適合所有人的，既然目標是一樣的，該學朱子學或是象山
學，完全決定於學者的才性。

（二）「敬」之教

　　吳澄曾自道：「學者來此講問，每先令其主一持敬以尊
德性，然後令其讀書窮理以道問學。」[32]因材施教是吳澄以
程朱之「敬」法教人的原因。然而，吳澄所談之敬法，其內
涵又與傳統的程朱之教略有不同。或者說，吳澄在解釋上動

31　（元）鄭玉，〈送葛子熙之武昌學錄序〉，《師山集》卷 3，《景印文淵
　　閣四庫全書》，頁 25。
32　（元）吳澄，〈答田副使第三書〉，《吳文正集》卷 3，頁 52。

了些手腳。吳澄論敬頻繁不能悉載，筆者歸納其解釋主要有以下三種：

1. 謹畏嚴肅的外貌：「敬者，一心謹畏不敢怠忽之謂。」、[33]「夫敬者，人心之宰，聖學之基也。釋其字義曰欽、曰寅、曰祗，由中而外曰恭、曰莊、曰肅。」、[34]「敬之道無它，形於外者儼是也。外肅則內安，貌莊則心一，儼所以爲敬之第一義也。」[35]

2. 「主一無適」：「程子曰：『主一之謂敬，無適之謂一。』」[36]、「學者來此講問，每先令其主一持敬以尊德性，然後令其讀書窮理以道問學。」

3. 「常惺惺」：「敬者，此心收斂而常惺惺也。」[37]

4. 存心。：「敬者，此心常存而爲一身之主。」[38]、「敬則此心常存，動循乎理，我不違天，天亦不違我矣。」[39]、「孩提之童無不愛親，此良心發見之最先者。苟能充之，四海皆春。然仁人心也敬，敬則存，不敬則亡。」[40]、「敬則心存，心存而一靜一動皆出於正。」[41]

以上四義，前三項爲傳統程朱之教，嚴肅恭敬是對敬之

---

33 （元）吳澄，《書纂言》卷 4 下，《景印文淵閣四庫全書》，頁 156。
34 （元）吳澄，〈敬堂說〉，《吳文正集》卷 5，頁 71。
35 （元）吳澄，〈儼齋記〉，《吳文正集》卷 40，頁 423。
36 （元）吳澄，《禮記纂言》卷 1 上，《景印文淵閣四庫全書》，頁 6。
37 （元）吳澄，〈敬齋說〉，《吳文正集》卷 4，頁 62。此爲引用伊洛門人之語。
38 （元）吳澄，《書纂言》卷 4 上，頁 101。
39 （元）吳澄，《書纂言》卷 4 上，頁 140。
40 （元）吳澄，〈仁本堂說〉，《吳文正集》卷 4，頁 64-65。
41 （元）吳澄，〈陳幼德思敬字〉，《吳文正集》卷 10，頁 123。

外表的描繪，而「主一無適」、「常惺惺」則是對形塑、規範這種外貌的內心狀態之敘述。第四項則比較特殊，他是標準的陸學教法，因爲陸象山曾明白表示要以「存」代「敬」。[42]雖然朱子亦有以存心說敬，但觀吳澄「孩提之童無不愛親」一語顯然是陸象山「孩提知愛長知欽」的翻版，而「良心」、「充之」等語亦爲陸象山擴充此心不待外鑠之教，因爲朱子通常教人讓「心」符合「理」，而不用「充」字。在《易纂言》中，吳澄對「敬以直內，義以方外」的解釋，透露了敬字於心本體上的意義：

> 直者言其心體之正也，方者言其制事之義也。[43]

朱熹一般不大講「心體」。「心體」正則心存，正了、存了之後再擴而充之，而不是讓心去符合「理」，此標準陸學之教也。筆者發現，吳澄似乎在傳統的程朱之教中，偷渡一些陸象山的觀念，這不僅使「敬」之義涵更爲豐富，也多少透露了他會通兩家之說，以陸學涵攝朱學的意圖。

不僅在「敬」涵義上有所變化，在「敬」的實踐上，吳澄也提供了新的說法：

> 敬之法，「主一無適」也。學者遽聞主一無適之說倘未之能，且當由敬畏入。事事知所謹，而於有不當爲者有不肯爲；念念知所畏，而於所不當爲者有不敢爲。

---

42 陸象山說：「『存誠』字於古有考，「持敬」乃後來杜撰……只『存』一字，自可使人明得此理。此理本天所以與我，非由外鑠。明得此理，即是主宰。」【（宋）陸九淵，〈與曾宅之〉，《陸九淵集》卷1，頁3-4。】

43 （元）吳澄，《易纂言》卷9，《景印文淵閣四庫全書》，頁572。

充不肯為、不敢為之心而進進焉，凡事主於一而不二
乎彼，凡念無所適而專在乎此，程子敬字之法不過如
是。敬則心存，心存而一靜一動皆出於正，仁義禮智
之得于天者，庶幾得於心而不失矣乎。[44]

又說：

蓋儀者敬之形於外，敬者敬之立於中。中有所主而后
外有所形，乃字之曰主敬。夫敬之一字，自書詩易以
來談者熟矣，曰欽曰寅曰祗肅曰恭恪曰齋莊皆敬也。
朱門黃直卿先生謂近於儆畏者其意尤切實，若程夫子
之云「主一無適」，謝先生之云「常惺惺」，尹先生之
云「其心收斂不容一物」，則推而極之以為聖學之基
也。初學雖未易語此，然姑就欽寅以下八字之義究竟
持循，念念若是，事事若是，常如黃先生之所謂儆畏，
庶其可以藥放肆慢忽怠惰狎侮之病，養之久行之習，
聖學之基亦由是而積，豈俟於他求哉？[45]

　　吳澄認為，「敬」的核心意義是「主一無適」，是「心存」，
是「常惺惺」，是「其心收斂不容一物」，而對照前面他對敬
的解釋，則知道這都是對內在心體的描述。「心存」便能在日
常生活中隨時保持警覺而不誤事，能夠體會「心」所得自於
天的仁義理智之良知良能，這接近陸學教法。但一些非上根
利器的學者如果無法體會「主一無適」的意義，無法對似乎
非常抽象的心體有任何領悟，則應該先由外在的「敬畏」入

44　（元）吳澄，〈陳幼德思敬字〉，《吳文正集》卷 10，頁 123。
45　（元）吳澄，〈丁儀字說〉，《吳文正集》卷 10，頁 128。

手，依循「屬外」的工夫次第。此處充分表現了吳澄在敬法上的因材施教。

三、象山之巔

回到至順三年的撫州。吳澄在給于珪寫了墓誌銘後過了幾天，部使者郡首請吳澄登撫州新譙樓，吳澄感性地賦詩一章，紀念王安石和陸象山兩位鄉先賢：

> 吾邦山水秀，雄麗冠江右。巍樓橫中天，闊視納宇宙。
> 懷哉二前聞，吸料得醇酎。身操冬雪明，心田秋月觳。
> 運轉八紘鈞，繼續百聖胄。純氣古難齊，卓卓尚微疢。
> 嗟予二三友，高舉第一手。杵糜無色石，密補九天漏。
> [46]

這首詩，前半段主要在歌頌王、陸二人繼承聖人的偉大精神力，而「醇酎」、「純氣」、「繼續百聖胄」等讚美二人深得古聖賢之心的語言，說明吳澄將此二人也視爲道統繼承人了。[47]後半段吳澄很明白地呼籲自己的學友們繼承二人的志向。方旭東解此詩，認爲「詩之大意，既懷鄉之前賢，又寄望於後來者能補其漏，蓋於王安石、陸九淵未盡推崇也」。[48]筆者認爲此說誠可議。按方氏的意見，吳澄似乎認爲王安石、陸象山之學有瑕疵，姑不論荊公，但我們翻遍吳澄所有著作

46　（元）吳澄，〈登撫州新譙樓〉，《吳文正集》，卷 97，頁 900。
47　「純酎」即「純氣」。宋明理學家認爲，一個人先天的資質秉賦決定於出生時秉氣之清濁。秉氣清者資質高，秉氣濁者資質低，若到氣清至「純」的地步，幾乎可說是聖人了。
48　方旭東，〈吳澄傳記資料纂證〉，《吳澄評傳》附錄，頁 432。

卻不見他對象山之學有任何批評，有的只是驚嘆、讚美和惋惜，甚至認為得到「陸子之心」即是得到「聖人之道」。依照「孤證不立」的原則，此說礙難成立。畢竟讚嘆象山一輩子，到歸道山的前一年才發現象山學有瑕疵，豈不太突然了嗎？如果方氏否定此詩能作為吳澄傾向陸學的證據是為了支持他的吳澄屬於朱子學的論點，那麼吳澄在六十四歲時批評朱子的《中庸章句》太繁瑣，且透露自己年輕時對《中庸》的解讀異於朱子，又該作何解？[49]

　　回來看這首詩，其難解之處，在「純氣古難齊，卓卓尚微疚」一語，究竟這個「疚」指的是什麼呢？根據教育部編《重編國語辭典修訂本》，「疚」字有二義，其一為「長久不癒的病痛」，其二為「貧窮」。[50]此外，「疚」也有「愧疚」之義。依詩意，第一義與第三義較有可能。按第一義，如果象山學發生了「長久不癒的病痛」，則有兩種可能，其一為象山哲學內在的瑕疵，其二為象山學傳承上出現了問題。既然吳澄認為象山學有瑕疵的說法難以成立，則我們只能採納第二種可能，而這種可能，正好呼應了前面幾段材料中吳澄對陸學無傳的感慨，支援了筆者的推測。若按第三義（愧疚），則此句應解讀為：「陸王二位古人境界之高，令後世高卓之士難與之齊而感到愧疚。」陸王二人是不需要愧疚的，該愧疚的

49　（元）吳澄，〈中庸簡明傳序〉，《吳文正集》，卷 20，頁 216。方旭東也注意到這篇文章，但並未多作發揮。見方旭東，〈吳澄傳記資料纂證〉，《吳澄評傳》附錄，頁 361。

50　教育部國語推行委員會編纂，《重編國語辭典修訂本》。網址：http://dict.revised.moe.edu.tw/。

是當代不能繼承二人之志的人。不論何者符合吳澄原意，此二解都指向吳澄憂慮王、陸二人無人繼承的問題，而絕無不盡認同二人的想法。然而，此二解雖說得通，於義卻微有未安。筆者以爲，最準確的解釋應是「美中不足」。整句來看，便是：「古聖先賢的純然之氣，後人難與之並駕齊驅；王安石和陸象山這兩位鄉賢都有卓越的成就（或境界），美中不足的是，他們兩人之學都有後繼無人之虞（都有待發揚）。」

　　此外，請看吳門大弟子虞集在此詩之後所寫的感言：

> 嗚呼！先生此詩之作至此有不得自已者矣。昔者曾子著《大學》之書言修己治人之道，而《中庸》之書則子思子憂道學之失其傳而作者也。後千有餘年，程子曰：「周公歿，聖人之道不行。孟子死，聖人之學不傳。道不行，百世無善治；學不傳，千載無真儒。」嗚呼！此豈可有幾微背繆疑惑於其間者呼？陸先生、王丞相寥乎天地之間，氣卓乎千載之豪傑，殆非臨川山水所得而私者也。然而臨川有如是之父兄君子也，豈他郡之所可望哉？吳先生「微疚」之言，蓋有慨於先哲之所深憂者矣。[51]

　　虞集列舉了曾子、子思、程子的深憂道學之無傳，然後說明吳澄的「微疚」之言也表現了與這些前賢同樣的憂慮，文中完全沒有提到吳澄不盡認同王、陸二人。吳澄有道學失傳的憂慮，又在詩中舉王、陸二人爲標竿來表達這種憂慮，

51　（元）吳澄，〈登撫州新譙樓〉，《吳文正集》，卷 97，頁 900。

豈不是吳澄深望有人能得二人之真傳嗎？

綜合以上推論，這首詩的大旨，正是吳澄在讚美王、陸
二人之餘，惋惜二人無傳，而寄望諸學友「高舉第一手」（能
繼承王、陸之人才有這「第一手」）承擔此「補天」重任。王
荊公、陸象山都是飽受程朱理學家批評的人物，尤其王荊公
更背上送掉宋朝半壁江山的黑鍋，難以洗刷冤屈。王荊公死
後一百多年，陸象山爲文爲荊公平反，[52]陸象山死後一百多
年，吳澄再爲此二大賢平反，三人可爲異代知己矣。或許吳
澄對王荊公的評價也受到陸象山一定程度的影響吧。

吳澄還有一首飄逸灑脫的，與程朱理學家的嚴肅形象截
然不同的詩：

> 玉宵山人通身酒，淋漓醉墨龍蛇走。偶然山邊行一匝，
> 攬取雲煙十之九。如何止分山半截？不謂此山可全
> 有。歸來小立象山巔，俯視群山俱培塿。[53]

這首詩是吳澄送給玉成教諭的，此人應該就是詩中的玉
宵山人。其中「歸來小立象山巔，俯視群山俱培塿」，豈不暗
示玉宵山人站在陸象山這位巨人的肩膀，傲然卓絕，俯視群
山，大有王安石「不畏浮雲遮望眼，自緣身在最高層」的氣
魄嗎？詩中寫的雖是玉宵山人，我們卻很難說這不是吳澄個
人心思的投射。

52　（宋）陸九淵，〈荊國王文公祠堂記〉，《陸九淵集》，卷19，頁231-234。
53　（元）吳澄，〈玉宵詩贈玉成教諭〉，《吳文正集》，卷98，頁908。

四、小　結

　　最後，筆者稍微整理一下本章得到的研究結論。1.透過對吳澄晚年詩作的分析，以及他與學友的對話，完全可以認定吳澄內心深契象山之學，且認爲象山是最高明的。2.吳澄平時多半以朱子學教人，不大對人談陸象山，這並非口是心非、見人說人話，而是他擔心話不投機，自討沒趣。更重要的，是象山之學「不可言傳」，而不可言傳則是因爲它有賴於悟性，更可能是因爲它有賴於體證。此外，吳澄以「敬」法教人，也不完全承繼朱子學而來。吳澄在「敬」中置入了象山心學較常提及的心體的意象，和「存」、「充」的涵養要訣，使本體與工夫能夠結合在一起，而不僅僅是外表的恭謹而已。3.由於象山之學不可言傳，因此是否勸學者學象山，完全決定於對方的才性。才性不合者，吳澄便勸其學朱子，若遇到才性合適者、陸學者或象山鄉人，他便毫無顧慮地大談陸象山。由此看來，吳澄崇拜象山平常卻又多語人以朱子學，便不再是個矛盾的問題。然而，我們不能將吳澄的晚年定論看成是他老年的翻然悔悟，而應視爲他長期修養、辯證的結果。

　　另外，或許對吳澄認識較深的讀者會提出一個問題：吳澄晚年曾有〈答田副使三書〉，何以文中許多形上學觀念看似與朱熹吻合呢？這難道不能決定吳澄晚年接近朱子嗎？這個事實，其實再往深處分析，便能知道它這並不能決定什麼。我們知道，在著名的朱陸無極太極之辨上，朱子是爲周敦頤

的「無極」極力辯護的，周、朱儼然是站在同一陣線。然而，根據楊儒賓教授的研究，周敦頤的「主靜立人極」工夫「其用意在期望學者於心性之極處，體證『人極』與『太極』之同一，亦即自然與意識之同體呈現，此時即有『心氣同流』之狀態」。並且他指出「意識體證至極，免不了要進入非意識的存在次元」。[54]照楊教授的看法，周敦頤的工夫亦含有神秘主義成分，與朱熹顯然不是同一個路數。反對「無極」二字的陸象山，在工夫上反而與周敦頤相近呢。以此觀之，工夫路數相同，似乎不必然導致形上觀點相同。更有可能的是，這只是表面的名詞之爭罷了。因此如果我們同意工夫是分門別派的決定性關鍵，事實上我們可以不必對吳澄在形上觀點上好像與朱子接近而有所疑慮。

---

54 楊儒賓，〈論「觀喜怒哀樂未發前氣象」〉，《中國文哲研究通訊》，第15卷，第3期。頁48。

第三章　吳澄的早年工夫

一、宋代理學工夫論

　　「工夫」一詞不見於先秦儒家，到宋代才成為重要的文化現象，因此「儒學史上工夫論的最重要脈絡也當放在宋明時期討論」。[1]但宋代理學之重視「工夫」，與之前的中國思想傳統是脫離不了關係的。因為中國哲學有兩個至關重要的特點，即「身心合一」或「身心交關」，以及「天人合一」的思想預設。不僅道家，先秦儒家的修身工夫「禮」、「樂」、「射」、「御」、「書」、「術」六藝便涉及身體的參與。[2]儒家從先秦以來便存在一個「身心修煉」的傳統。而「身心合一」的思想傳統，又奠基在中國傳統的宇宙觀之上。牟復禮指出：「中國的宇宙生成論主張的是一個有機的過程，宇宙的各個部分都從屬於一個有機的整體，它們都參與到這個本然自生的生命過程的相互作用之中。」[3]因此宋明理學的工夫論可說是在此有機宇宙觀和「身心合一」思想之上再度發展出的身心修煉

1　楊儒賓，〈《儒學的氣論與工夫論》導論〉，頁 2。
2　彭國翔，〈儒家傳統的身心修煉及其治療意義—以古希臘羅馬哲學為參照〉，《儒家傳統—宗教與人文主義之間》，頁 241-243。
3　牟復禮（Frederick W. Mote）著、王立剛譯，《中國思想之淵源》（北京：北京大學出版社，2009），頁 21。

體系。

工夫是理學判教的關鍵，我們從周敦頤下及朱陸爲止，可將理學工夫分爲兩大類。第一類包含周濂溪的「誠」、「靜」，程顥的「識仁」，以及繼承二程的「道南學脈」所主的「觀中」工夫。這種工夫常常外在表現爲「靜坐」。[4]侯潔之認爲，道南所謂的「中」即是「一切存在的最高本源」（天下之大本），[5]並且「心、性、理、仁、中自體上言是一，唯其名相異耳」。[6]楊儒賓亦指出，由二程、道南發展出來的「觀喜怒哀樂未發之氣象」可作爲理學中最重要的工夫論，並認爲此種「未發前氣象」具有超越性意義，這種工夫完全是從佛老處借來的，並將之與神秘體驗做一連結。此外，楊教授認爲周敦頤的「主

---

4 道南學脈，指程門高弟楊時龜山一系。程顥非常喜歡楊時，他南歸時，顥嘆曰：「吾道南矣。」程顥傳楊時，楊時傳羅豫章，羅豫章傳李延平，李延平傳朱熹。但朱熹之學大異其師，故不列入道南學脈。關於道南學脈的工夫論，筆者採用侯潔之所著之《道南學脈觀中工夫研究》（台北：花木蘭，2008）的論點。侯潔之認爲，未發觀中的工夫，是聯繫道南傳承的主軸，同時也是這一脈絡的主徵，故稱「道南指訣」。（頁153）侯潔之指出：「觀中的工夫路數，是透過靜坐的方式，暫時與外界隔離，以便學者在不接於物的情形下，止息紛擾私意，進而專注地體認內在澄然顯現的中體。所謂中體，即是心體、性體，亦即能創生中節行爲的道德主體。」（頁 11-12）觀中工夫傳至羅豫章，特別注重「吸取禪宗的靜坐法相，納入觀中工夫中，作爲歸還未發、肯認中體的手段，其後並以相對靜坐的方式，向延平親身示範體中之道。延平繼承靜坐之法，循龜山所開出的觀中進路，進一步對工夫內容作細部的補充」。（頁 155）體中之後，「在龜山已經注意到必須接續誠敬的保守工夫，方能存之養之，使人能順由內在中體，順適表現爲合理的行爲活動」。（頁 157）
5 侯潔之，《道南學脈觀中工夫研究》，頁 42。
6 侯潔之，《道南學脈觀中工夫研究》，頁 56。

靜」工夫也具有這樣的性格。[7]在道南之後，自稱繼承孟子本心之學的陸象山，他標榜「先立乎其大」、發明「本心」，揭「心即理」之旨，同時也教人靜坐，具有濃厚的神秘主義氣息，亦可歸入此類。這一類的最大特徵有二：其一是對本體之證悟的神秘體驗，其二作為體證手段的靜坐。這兩大特徵事實上互為表裡，前者為內涵，後者為表象。最後，由「中」即「天下之大本」的思想來看，可以確信他們所內向體證之物，既是心性之本體，也是宇宙之本體。

　　第二類以程頤、朱熹為主。此二儒迥異於前述諸儒，不妨套用慧能的話，稱之為「知解宗徒」。他們在心性上重視「敬」，即專注精神於人倫日用上，另以格天下萬事萬物之「理」的方式來求得最終的「豁然貫通」。對於宇宙最高的真理他們是向外求索，而不同於第一類的反觀體證。在本體論上，通常（也許非全部）此類理學家的「理」具有抽象理則的性質，而非與「心」一體。可以說，程頤、朱熹這一類型比較接近現代西方學院式的學術方法。

　　我們將程顥、道南學派、陸王歸為一類，而程頤、朱熹歸為另一類，前者重視對本心或者心體、仁體的察識，而後者重視在「察識」之前的人倫日用及讀書窮理上的涵養，以追求「豁然貫通」之境。筆者根據楊教授的研究以及前人對理學工夫的共識，用「內」/「外」這一組相對又相即的概念做解釋框架，將宋明理學的工夫做如下分類：

7 參見楊儒賓，〈論「觀喜怒哀樂未發前氣象」〉，《中國文哲研究通訊》，第 15 卷，第 3 期，頁 47。

工夫特色　　　　「理」之所在	工夫入門	工夫次第
屬內的（陸）	誠、主靜、識仁、觀中、發明本心、致良知（通常搭配靜坐）	先證悟人內在固有的超越性（本心），再發用於日常。
屬外的（朱）	主敬、格物窮理	在日用常行之間「持敬」、「格物窮理」，逐漸證得人內在固有之超越性。

　　據上表，筆者把工夫，依其對本體的探求方向分爲「屬內的」與「屬外的」。前者主要是對人之本自具足的超越性的追求，而後者則指向人倫日用及其所需的心性修持。需要特別注意的是，雖然陳來認爲朱子本人並沒有超越性的神秘體驗，[8] 但不論程朱陸王，他們談工夫事實上都具備這兩種面相，所異者主要在於次第及其向內體驗的深度。筆者所謂向內體驗的深淺，完全出於修行者的個人抉擇，並不帶有任何褒貶的價值判斷。程頤、朱熹這一派，筆者將它歸類爲「屬外的」，而明道、陸、王則是「屬內的」。[9] 通常「屬內的」工夫模式會對向內體驗有較深的追求，而「屬外的」則不認爲有此必要。在本章，筆者便將使用這樣的分類標準，來分析吳澄二十二歲以前留下的大量實踐工夫心得，進而判定吳澄的學術傾向。

---

8 參見陳來，〈儒學傳統中的神秘主義〉，頁 329。

9 內外的觀念，得自胡其德師的啓發。此外，筆者也發現徐復觀先生曾指出：「象山係似把孔門的學術分爲內外兩派，而他自己是內派，程朱是外派。內派的理是自內流出，而外派則是由外打入。」〔徐復觀，〈象山學述〉，氏著《中國思想史論集》（上海：上海書店，2004），頁 30。〕此雖爲徐復觀對陸門之自我認知的描述，但筆者頗能認同這樣的區分。

二、吳澄工夫論的形成

（一）十五歲前：遍讀群書，用力舉業

　　吳澄的家庭非常重視以科舉爲導向的知識教育。在他三歲時，「教之古詩，隨口成誦」。五歲「日受數千餘言，閱過即記不忘，夜讀書至旦」。吳澄的用功，居然讓他的母親減少油膏供應量，使他能早點睡。到七歲時，「《論語》、《孟子》、五經皆成誦，能屬詩，通進士賦」。[10]可見到此爲止，吳澄所學都還只是膚淺的記誦而已。

　　吳澄十歲的時候，無意間在舊書堆中得到朱子的《大學中庸章句》，他讀了以後非常喜悅，「自是清晨必頌《大學》二十過者千餘日，然後讀《中庸》及諸經，則如破竹之勢，略無滯矣」。[11]這是吳澄初識宋代理學之書的情景。頌讀《大學》兩萬遍，這是承襲朱子的讀書法。朱子在《大學章句》便說道：

> 凡傳文，雜引經傳，若無統紀，然文理接續，血脈貫通，深淺始終，至為精密。熟讀詳味，久當見之，今不盡釋也。[12]

　　另外他又說：

> 凡讀書……不可牽強暗記，只是要多頌遍數，自然上

10　以上參見方旭東，〈吳澄傳記資料纂證〉，頁 286-287。
11　方旭東，〈吳澄傳記資料纂證〉，頁 288。
12　（宋）朱熹，《大學章句》，《四書章句集注》（北京：中華書局，1983），頁 4。

口，久遠不忘。古人云：「讀書千遍，其義自現。」為
熟讀，則不待解說，自曉其義也。[13]

　　朱子主張讀書只要多讀幾遍，還要頌唸出口，久了意思
自然明白。頌讀的目的之一是要挖掘、理解、體會文本內涵，
但這種讀書法的意義，不僅是背誦、吸收知識、理解文意而
已，它還有第二個作用。彭國翔比較基督教的「聖言頌讀」
（devine reading）和朱子讀書法，指出對宋明理學家，至少
對朱子來說，讀書也是一種「身心修煉」的工夫。[14]這種工

13　（宋）朱熹，《童蒙須知》。轉引自彭國翔，〈身心修煉 —— 朱子經典
　　詮釋的宗教學意涵〉，氏著《儒家傳統：宗教與人文主義之間》（北京：
　　北京大學，2007），頁 85-86。

14　彭國翔，〈身心修煉 —— 朱子經典詮釋的宗教學意涵〉，頁 55。他說：
　　「對朱子來說，雖然儒家的經典不是認知的對象，而是我們要全心領
　　會的聖人之言的記載；讀書本身也不是目的，而是要變化氣質並最終
　　成就聖賢人格。但同時，讀書本身卻又是變化氣質並成就聖賢人格的
　　必由之路。換言之，朱子將經典詮釋活動本身作為身心修煉的工夫，
　　將經典詮釋作為與聖人之心心心相印的實踐法門。」朱子讀書法的身
　　心修煉較偏於「心」，而傳統武術家卻偏就「身」來解釋。有一位武
　　術大師就認為讀書可以作為一種治病的工夫：「尚雲祥（民初著名形
　　意拳家）說：『其實有一個方法可以治病，正是讀書，不過要像小孩
　　上私塾，不要管書上什麼意思，囫圇吞棗地一口氣讀下去，只要書寫
　　得朗朗上口，總會有益身心。但咱們成年人，不比小孩的元氣，大聲
　　朗讀會傷肝，要哼著來讀，不必字字清楚，只要讀出音節的俯仰就行
　　了。』李仲軒（尚雲祥弟子）問：『這是什麼道理？』尚雲祥答：『沒
　　什麼道理，我看小孩們上學後，馬上就有了股振作之氣，對此自己亂
　　琢磨的。』【李仲軒口述、徐皓峰整理，《逝去的武林 —— 1934 年的
　　求武紀事》（北京：當代中國，2006），頁 72。】另外，「唸誦」也可
　　以是一種通向神秘體驗的宗教法門。夏夫斯坦認為：「專注的技術不
　　僅是視覺的，同時亦是聽覺的。印度教和佛教信徒，跟其他文化的成
　　員一樣，他們亦反覆唸誦那些神聖的聖典，藉以尋求法術和神秘的效
　　果。他們的理論家相信，聖言的本身就是永恆的真理乃至不滅的本
　　真。是以，克什米爾的三一學者把他們認為是宇宙本體的清明意識視

夫，余英時也曾提及，他認為對於書中之「理」的深刻認識，可以使「心」保持在道德狀態，避免人欲干擾，張載和朱子都主張這種修養。[15]雖然如此，吳澄卻要到十五歲才開始實踐「聖賢之學」（後有論述），故可推測吳澄當時並未有如朱子那種身心修煉的自覺，仍僅僅是科舉導向的對知識與義理的吸收。

那麼，為何吳澄頌讀《大學》兩萬遍後讀經能「勢如破竹」呢？這種讀書方法，也是來自朱子先「四書」後「六經」的指導。蔡方鹿的解釋很能提供一個合理的說明：

> 朱熹先「四書」後「六經」思想的實質在於，「四書」
> 可直接闡發聖人之道，義理思想主要蘊含在「四書」
> 裡，通過治「四書」，便可求得義理，發明聖人之道；
> 而「六經」則只是間接與孔孟之道有關，與義理的關
> 係間隔了一層，所以只有先治「四書」，掌握了聖人作
> 經的本意後，再來治「六經」，進一步明義理。[16]

吳澄最出色的弟子虞集也說：「夫『四書』者，實道統之傳，入德之要。學者由是而學焉，則諸經可得而治矣。」[17]

為一種震動；並把這種震動視為一切相對的字語或觀念所依的絕對種子字語或觀念。他們相信，修行有素的高僧大德，可從專注聖言這種法門意識到他就是這種萬法的因素實質，亦即他那放光動地的自我本體。」【（以）夏夫斯坦（Ben-Ami Scharfstein）著、徐進夫譯，《神秘經驗》（台北：天華，1982），頁 143-144。】

15 余英時，〈朱子哲學體系中的道德與知識〉，收錄於氏著，程嫩生、羅群等譯《人文與理性的中國》（臺北：聯經，2008），頁 78。

16 蔡方鹿，《朱子經學與中國經學》（北京：人民出版社，2004），頁 270。

17 （元）虞集，〈跋濟寧李璋所刻九經四書〉，《道園學古錄》卷 39，《文淵閣四庫全書》，頁 19。

熟讀四書有助於治經，而四書有助於治經，是因爲它能讓學者「入德」。這便是吳澄熟讀《大學》後讀經能「勢如破竹」的秘密。

　　當時吳澄才十歲，他照著朱子的讀書法大量頌讀《大學》，久而久之對書中義理的了解益深，而「四書」是經典義理的直接闡述，不同於六經的間接性、隱晦性，因此當他掌握了「四書」的義理之後，再來讀諸經便更容易了。然而，對當時的吳澄而言，這一切還僅僅是「讀書」而已，與七歲以前的記誦之學不同的是，「四書」讓他對義理有更深的思考。到此爲止他尚不知實踐之功，還沒有學「聖人之學」的自覺。

　　值得注意的是，雖然吳澄下了「誦讀」的工夫，但在義理的解讀上，卻不盡同於朱子。他在六十四歲時曾回憶道：

> 澄少讀《中庸》，不無一二與朱子異，後觀饒氏伯興父所見已然，恨生晚不獲就質正。[18]

　　吳澄於誦讀四書的同時，並未放棄嘗試去理解其中的義理，且其解讀居然與朱子有所異同，而在往後得到其祖師饒魯之說的印證。吳澄對這段思想經歷印象深刻，直到六十多歲還能娓娓道來，可知他對朱子學既信且疑的矛盾心理，自小到老是延續不斷的。看來，我們真不能簡單地將少年吳澄當作鐵板一塊的朱子信徒呢。

18　（元）吳澄，〈《中庸簡明傳》序〉，《吳文正集》卷 20，頁 216。

（二）十五歲：程朱主敬，學爲聖賢

　　吳澄十歲便從頌讀《大學》得到奇效，但此時他還沒拋棄舉業，對自身的心性也還沒有深刻的體會，也未有任何實踐工夫。換言之，他還沒有立志於「聖賢之學」。他自道：

　　澄生二十有二年矣。五歲而讀書，七歲而能聲對，九歲而能詩賦，十有三歲而應舉之文盡通。當是時也，自以為吾之所學足矣。年十五六始恍然有悟於聖經賢傳之中。[19]

　　這段話足可證明，雖然吳澄十歲便開始讀四書，但科舉考試仍然主宰他的學習直到十五歲。十五歲以後，他開始自覺地學習聖人之學，寫下一篇又一篇的工夫論文章。

　　吳澄論實踐涵養工夫的文字，集中在他二十三歲時編纂自己從十五歲起用力「聖賢之學」的心得所成的書，名曰《私錄綱領》。[20]這是一部學習「聖賢之學」的心得集。他自道：「澄自爲學（指十五歲用力聖人之學）以來，凡有所得則必識之以備遺忘，凡有所失則必箴之以示懲創，凡有所感亦必隨遇而爲之辭以寓警戒。」[21]可見他爲學之勤。而勤做筆記以志心得，應該也是重要的學習工夫。

　　吳澄對「聖賢之學」最早的體會見於〈勤箴〉和〈謹箴〉，這年他十五歲。這兩篇簡短的文字是讀朱子《訓子帖》的心

19　（元）吳澄，〈謝僉幕〉，《吳文正公外集》，卷 3，頁 143。
20　方旭東，〈吳澄傳記資料纂證〉，頁 300。
21　（元）吳澄，《私錄綱領》，《吳文正公外集》，卷 1，頁 118。

得，都是些讚美古人嚴格道德行為以策勵自己的話語。「每常
思之，竊謂此二字（勤、謹）真持養之要經，為學之先務也。」
這是吳澄回憶當時的心情。[22]可以看出，吳澄對宋代那些著
名理學人物的處世態度有多麼敬佩和嚮往。

〈勤箴〉和〈謹箴〉兩篇文字的體會還是屬於比較表面
的層次。同一年，吳澄又作了一篇〈敬銘〉，這才真正深入程
朱工夫論的心法。他發現到：

> 維人之心，易於放逸。操存捨亡，或入或出。敬之一
> 字，其義精密。學者所當，服膺弗失。收斂方寸，不
> 容一物。如入靈祠，如奉軍律。整齊嚴肅，端莊靜一。
> 戒謹恐懼，兢業戰慄。如見大賓，罔敢輕率。如承大
> 祭，罔敢慢忽。視聽言動，非禮則勿。忠信傳習，省
> 身者悉。把捉於中，精神心術。檢束於外，形骸肌骨。
> 常令惺惺，又新日日。敢以此語，鏤於虛室。[23]

這段話核心在「心」、「敬」二字。「心」屬於本體論的
範疇，「敬」屬於工夫論的範疇。吳澄瞭解到，道德養成說到
底只是一個「心」的問題，這點很容易理解，但是怎麼養成，
怎麼把放逸之心「維」住，不同於天馬行空地談玄說理，它
是很大很實際的學問，而關鍵便在一個「敬」字。這個「敬」
字，就其意而言是收斂已經放逸的心，就其外形觀之似乎是

22　（元）吳澄，《私錄綱領》，頁 118。《勤箴》：「夏而不扇，冬而不爐。
思則徹曉，得則疾書。我思古人，關洛之儒，勤哉勤哉，毋替厥初。」
《謹箴》：「生而請事，動言聽視。死而知免，戰兢臨履。我思古人，
洙泗之子，謹之謹之，一如其始。」
23　（元）吳澄，〈敬銘〉，《私錄綱領》，頁 118。

板著臉孔的嚴肅貌。也可以說，之前的「勤謹」也還只是「敬」的外形，尚不得其真意也。

不出一年，吳澄便從很表面的「勤謹」深入體會到程朱工夫論的第一義 ——「敬」。吳澄對這個轉折回憶道：

> 予始以為聖賢千言萬語勤謹二字足以括之，故作勤謹箴以廣朱子《訓子帖》之意，後又以為朱子勤謹二字，敬之一字足以該之，故又為〈敬銘〉以續朱子〈敬齋箴〉之作云。[24]

錢穆論朱子之工夫首重「敬」字，陳榮捷亦指出朱子以「敬」為聖門第一義。[25]吳澄年輕時可說是兢兢業業地閱讀、實踐程朱的工夫論。他希望透過實際體會，把握到朱子學甚至聖賢之學的核心要義，並且闡發這個要義。他十五歲體會到「敬」字之後，便不斷向學者闡發這個道理。「敬」是相當嚴肅的、戒慎恐懼的，如此長久下來精神不免疲憊，因此吳澄又想到了一個方法讓自己的精神稍微放鬆而又不失禮。這個方法，吳澄寫了一篇〈和銘〉把它記載下來：

> 和而不流，訓在中庸。顏之愷悌，孔之溫恭。孔顏往矣，孰繼遐蹤？卓彼先覺，元公淳公。元氣之會，淳德之鍾。瑞日祥雲，霽月光風。庭草不除，意思沖沖。天地生物，氣象融融。萬物靜觀，境與天通。四時嘉興，樂與人同。泯若圭角，春然心胸。如玉之潤，如

24　（元）吳澄，〈敬銘〉，《私錄綱領》，頁 118。

25　錢穆，《朱子學提綱》（北京：三聯，2002），頁 95-102。陳榮捷，《朱熹》（台北：東大，1990），頁 95。

> 酒之濃。睟面盎背，辭色雍容。待人接物，德量含洪。
> 和粹之氣，涵養之功。敢以此語，佩於厥躬。[26]

　　這篇文章共分三個部分。第一個部分舉顏回、孔子爲例說明他們溫和而平易近人的聖賢氣象，[27]接著指出周敦頤（諡元公）、程顥（字伯淳）繼承了這種氣象。吳澄認爲聖賢氣象有兩種，一種是「嚴厲立尺雪者凜如也」的程頤和「剛毅德盛貌恭肅如」的張載，另一種是「渾厚坐春風者溫如也」的程顥和「胸中灑落，光風霽月盎如也」的周敦頤。[28]這兩種聖賢氣象分別是「敬」與「和」造成的，因爲「敬者嚴肅齋莊之謂」，「和者從容不迫之意」。[29]第二個部分他說明了如何達到「和」的氣象，亦即「和」的工夫論。這是種透過觀察、體會天地萬物，而得到萬物一體之感（「萬物靜觀，境與天通」），體會天地生生之意的工夫。

　　「敬」與「和」，在吳澄看來並不是對等的，而是有主從關係的。吳澄認爲：

> 敬與和二者不可偏於一也。然愚觀偏于敬而失之離者
> 鮮，偏於和而失之流者多。蓋敬者必和，和者不必敬。
> 借使偏於敬而不能濟之以和，猶不失爲狷介。苟偏於

26　（元）吳澄，〈和銘〉，《私錄綱領》，頁 119。
27　「愷悌」意爲「和樂平易」。《左傳・僖公十二年》：「愷悌君子，神所勞矣。」（唐）李嶠，〈上雍州高長史書〉：「愷悌之慈允洽，敷腴之好不忘。」（教育部國語推行委員會，《重編國語辭典修訂本》。網址：http://140.111.34.46/newDict/dict/index.html。）
28　（元）吳澄，〈和銘〉，《私錄綱領》，頁 119。這是吳澄後來在〈和銘〉旁邊補充說明的文字。
29　（元）吳澄，〈和銘〉，《私錄綱領》，頁 119。

和而不能主之以敬，則必墮為不恭。況乎未有敬有不
能和者也，若和而不能敬者則有之矣。[30]

　可見此時吳澄的工夫主「敬」而不主「和」。因為他認為「敬」的功夫修行至一定境界，自然會表現出「和」的氣象。而此種和氣之象也只能如此表現，不能刻意追求。若刻意追求，則會流於「不恭」。換言之，雖然吳澄以「敬」為主來涵攝「和」，卻並不表示他認為後者的重要性次於前者，相反的，後者是前者力到功深的自然發露，是在「敬」的基礎上發展出來的高級境界。[31]

　吳澄在這兩篇文章之後，又陸續寫了〈理一箴〉提到「主一持敬」，寫了〈自修銘〉提到「立誠而居敬」，可知「敬」在此時期是他得到最重要的工夫心法。[32]接著他又作了〈消人欲銘〉、〈長天理銘〉、〈克己銘〉主張「以理制欲」。他認為「人欲如敵」，敵人來攻城，我必須「閉門固守」。[33]此外，還有〈悔過銘〉說明「悔心之生，良心之萌」、「悔雖可有然不可再」。[34]他又觀察了水、玉、泉、火、葽稗五物之意象，

30　（元）吳澄，〈和銘〉跋，《私錄綱領》，頁119。

31　陳來以中國哲學中的「有」與「無」兩種境界型態來說明儒學以及陽明哲學中的「戒慎」與「和樂」兩種性格，極富理趣。其曰：「『名教』是有，『自然』是無；『敬畏』是有，『灑落』是無；『無有作好』『何思何慮』『吟風弄月』，無之境界也；『必有事焉』『戒慎恐懼』『省察克治』，有之境界也。」參見陳來，《有無之境—王陽明哲學的精神》（北京：三聯書店，2009），頁9、10-14。

32　（元）吳澄，《私錄綱領》，頁120-121。

33　（元）吳澄，《私錄綱領》，頁121-122。

34　（元）吳澄，《私錄綱領》，頁122。

以之比喻心性的五種狀態，作成〈五興〉一文。[35]他是如此
艱苦卓絕、「天人交戰」（天理人欲交戰）地在實踐程朱的修
身工夫的。在此時期，吳澄的工夫著重在讀書，以及在人倫
日用上收攝身心，保持恭僅，是典型的「屬外」的工夫類型。

（三）十九歲：朱陸異同，「吾爲此懼」

　　吳澄早年嚴格地實踐程朱的修養方法，並且很快體會到
程朱工夫的心法。但他並不因此而滿足，還有一個難以解決
的問題卦礙在他的心頭。他認爲在其鄉里之中無人能夠爲他
解此疑惑，爲此惶惑不安。

　　吳澄十九歲那年，有一位姓趙的士大夫經過他的鄉里，
吳澄抓緊這個機會，寫一封信給他，想與他討論學問，並透
露自己的煩惱：

> 我臨川之邦，前後人才有王荊公之爲人，非常人也，
> 然與程子同時而不與程子同道。有陸象山之爲學，非
> 俗學，然與朱子同時而不能與朱子同道，吾爲此懼。[36]

　　這篇文字對研究吳澄思想是非常重要的，因爲這是吳澄
最早談到朱陸異同的文字。我們由此可以推知，吳澄不到十
九歲便思考朱陸異同的問題，甚至還「爲此懼」，可見這個問
題在他心中佔有極重的份量。十九歲對吳澄而言是個別具意
義的一年，因爲在這一年他寫下有名的〈道統〉一文，以道

35　（元）吳澄，《私錄綱領》，頁123。
36　（元）吳澄，〈謁趙判簿書〉，《臨川吳文正公外集》卷3，頁139。

統中的「貞」德自期。[37]這可看做他思想歷程中的一座里程碑。通常我們讀到這篇文字，會直覺地斷定此時吳澄堅定不疑地以程朱繼承人自居，卻不知在此豪語的背後，還隱伏著朱陸異同的焦慮。這種焦慮在這里程碑的一年中被吐露出來，想必也對他往後的思想走向有很大程度的影響。畢竟吳澄真正的目標是學聖人之學，而非做個朱門的忠徒。錢穆批評調和朱陸說和吳澄陸學說都是「皮相之見」，並稱吳澄主張「泯門戶，矯時弊」而「自居為北宋之理學」。[38]誠然，吳澄不欲看見對聖人之學沒有深刻體知的學者妄加攻擊其他學派，但若說吳澄沒有調和朱陸的意思，或者沒有解決朱陸異同問題的自覺意識，從上面這段材料看來，是不正確的。值得注意的是，在這之後，吳澄所寫下的涵養心得便逐漸綻放出心學的色彩。

（四）二十歲：夢中徹悟，「吾心即天」

吳澄十九歲表達了對朱陸異同的焦慮，居然於隔年便在夢中產生了所謂的神秘經驗,而此經驗過去從未有學者提及：

> 維昨之夜，仲春之晦。於彼中宵，形諸夢寐。目有所見，赫然電明。耳有所聞，劃然雷聲。夢中自言，恐或有懲。天譴予也，亦儆予焉？夢中自喜，欲圖勉勵。恍然而悟，庸然而識。吾心即天，至靈至神。雷形諸夢，雷非其真。所貴此心，隨觸隨覺。豈必真雷，而

---

37 （元）吳澄,〈道統〉,《私錄綱領》,頁 133-134。
38 錢穆,〈吳草廬學述〉,《中國學術思想史論叢（六）》,頁 70-71。

後惕若？我問天君，如何則可。天君答曰，嚴師事我。
凡汝一身，我實爲主。範我馳驅，攝以規矩。以理制
欲，以志帥氣。靜而居仁，動而由義。功深力到，全
體渾涵。與聖人一，與天地參。予旦而起，筆之於紙。
常實予懷，自強不已。[39]

　　這是一篇非常有趣的文字，一般人若有此體驗，通常會
感到一陣狂喜，而吳澄首先想到的居然是上天要懲罰我，可
見他平常自我要求的嚴厲程度實在超乎我們的想像。然而，
讀者不妨回頭再讀一遍陳來先生對神秘體驗的說明，其中「超
越了時空的自我意識即整個實在，而所有神秘體驗都感受到
主客界限和一切差別的消失」一語，不就是吳澄的「吾心即
天」、「全體渾涵」、「與聖人一，與天地參」嗎？我們幾乎可
以確定這實在是神秘體驗的典型表徵。觀「吾心即天」及後
面的「我問天君」二語，可知「天君」即「吾心」，因此「我
問天君」實際便是「我問吾心」，而「天君答曰：嚴師事我」
便是要吳澄嚴事其心了。這是吳澄功深力到後的大徹大悟，
且這種徹悟非由邏輯知解證成，此與象山證道之語「宇宙即
是吾心，吾心即是宇宙」殊無二致。[40]但並不是說，吳澄此
時已然完全擺脫程朱的工夫論，因爲「範我馳驅，攝以規矩。
以理制欲，以志帥氣」顯然接近小程、朱子的工夫路數。筆

---

39 （元）吳澄，〈紀夢〉，《私錄綱領》，頁 123-124。此篇吳澄明記爲咸
　　淳四年之作，此時他二十歲。
40 陸象山以十三歲之稚齡大悟宇宙即吾心之旨，幾乎不可思議。原來象
　　山早在四歲時便有「常自灑掃林下，宴坐終日」的靜坐記錄。【〈陸九
　　淵年譜〉，《陸九淵集》，頁 481】。

者只是要強調，此一夢境是吳澄思想由朱入陸的一個轉折點，由此他逐漸踏入心學之路是個不爭的事實。

筆者無法找到直接的證據說明吳澄如何獲得此悟，但我們可以從他著作中的一些蛛絲馬跡來推測。首先，在他的《道德真經註》中對「不出戶，知天下；不窺牖，見天道」一語的解釋為：

> 天下萬事萬物之理皆備於我，故雖不出戶而徧知。天道者，萬理之一原，內觀而得，非如在外之有形者，必窺牖而後見也。[41]

吳澄認為，要認識天道不能向外求，而是要透過「內觀」的方式獲得。所謂「內觀」，是一種佛道乃至於理學家皆有的，追求對自我身心的深刻體驗的法門，它是「非思考性」的活動，其外在形象通常表現為靜坐。理學家的靜坐，無疑是從佛老處借來的，用道南學脈的話，也就是「觀喜怒哀樂未發前氣象」。楊儒賓指出：「我們知道此法門所以和儒門工夫論扯上關聯，此事直至宋初才發生，之前未之或聞。……即使理學家不喜歡張皇靜坐及靜坐過程中的種種風光，但大部分的理學家從來沒有忽略過這種令人容易聯想到異端氣息的法門。」[42]吳澄彷彿以過來人的語氣做此斷言，讓人不能不懷疑這是否與其二十歲的神秘體驗有關。果不其然，筆者在他

41　（元）吳澄，《道德真經註》卷 3，《無求備齋老子集成初編 47》（板橋：藝文，1965），頁 13。
42　楊儒賓，〈論「觀喜怒哀樂未發前氣象」〉，頁 40-41。關於宋明儒的靜坐，還可以參考 Rodney L. Taylor, *The Religious Dimensions of Confucianism*, p78-86.

十八歲所作的〈自警二首〉找到了他修習靜坐的證據：

> 氣昏嗜臥害非輕，才到更初困倦生。必有事焉常恐恐，
> 直教心要強惺惺。縱當意思沈如醉，打起精神坐到明。
> 著此一鞭能勇猛，做何事業不能成？又元來一片虛靈
> 府，埋沒經年滓穢場。不特通時多走逸，覺於靜處亦
> 飛揚。畫間常被事牽引，夜後猶如夢擾攘。喚起主人
> 翁警醒，自家三徑不容荒。[43]

　　從第一首的「打起精神坐到明」，我們還不能判斷這只
是普通的坐還是靜坐，但若考慮第二首的「覺於靜處」（強調
「覺」）、「虛靈府」及「主人翁」（應皆指「心」），就使我們
很難否認這是靜坐的內觀工夫了。

　　宋儒普遍有靜坐的習慣，此一傳統修煉法門不僅在中文
學界得到重視。事實上余英時先生很早就在〈士商互動與儒
學轉向〉一文中，以明代泰州王門的顏鈞（山農）為例，探
討泰州學派乃至林兆恩所創之「三一教」的宗教體驗，且說
「這是理學家『靜坐』所同有的經驗」。[44]但程朱一派的靜坐
內觀與其他宋儒有所不同。楊儒賓指出：「程、朱兩人對『觀』
字頗有戒心，他們一想到『觀』字就想到『辨識』、『認知』
這樣的語意內涵。」[45]「辨識」、「認知」，是理性層面的思考，
與重「體證」的「內觀」不同。以朱子來說，學者對他不採

43　（元）吳澄，〈自警二首〉，《吳文正集》卷100，頁919。
44　收入余英時，《中國近世宗教倫理與商人精神》（台北：聯經，2004），
　　頁230-246。
45　楊儒賓，〈論「觀喜怒哀樂未發前氣象」〉，頁40。

用神秘主義的方式有兩種看法。陳來作如是觀：

> 朱子始終不曾經歷過那種體驗，儘管在延平生前死後
> 他都做了很大的努力。正是由於未能找到那種可以受
> 用的體驗，才使他有丙戌、己丑兩次中和之悟的反復
> 窮索，也使他走上另一條道路，即不是從心理上，而
> 是從哲學上探求未發已發，以致引發出他的整個新性
> 情的理論體系；不是通過未發工夫獲得神秘體驗，而
> 是使未發工夫作為收斂身心的主體修養。[46]

而楊雅妃認為，事實上朱熹在創論「中和新說」之後，
其對靜坐的態度已有所轉變。他得力於魏伯陽的《周易參同
契》甚力，肯定道家內丹學說「如果能夠讓一種逆反的宇宙
開闢歷程在人身上發生，那麼，稟受天理而來的人性，便有
了體道、證道的可能，並從一個更高且普遍的層次來理解道
德法則。」[47]而朱熹終究沒走上神秘體驗之路，楊雅妃的解
釋是：

> 「觀」未發氣象，便能接通體證天理之道，在實踐工
> 夫層面而言，似乎不夠周詳；因此，朱熹在意的是，
> 如何使體證天理的關鍵契機 —— 天命之性，不受形氣
> 染雜、外物干擾。就已發工夫而言，可以從「格物致
> 知」與「內斂心氣」來談。格物致知，最終希望達到
> 「見其所當然而不容已」與「其所以然而不可易」者，

---

46 陳來，〈儒學傳統中的神秘主義〉，頁329。
47 楊雅妃，〈朱熹的靜坐〉，《興大中文學報》第18期，2006年1月，頁
　　247。

> 「所當然者」乃是就道德倫理原則而言,「所以然者」
> 則指事物普遍本質或規律。[48]

　　綜合前面吳澄的詩作和這三位學者的研究,我們可以清楚知道,吳澄之修習靜坐、內觀,以追求「覺於靜處」,顯非來自朱門之教,而是與他接觸陸學有極大的關連。朱子除了未曾經驗這般景象,他也反對光靠這種體證、默識心體的工夫來成就聖人之道。朱子主張,若想認識「心」,思考義理、「格物致知」,並於思考的過程當中體會心的作用才是正途。[49]我們幾可斷言,此次神秘經驗奠定了吳澄對象山學真實、堅定的信仰,並使他有了象山學乃不可言傳之學的宣告。

（五）二十二歲：存心反思,吳氏「心學」

　　吳澄悟道後兩年,即宋度宗咸淳六年（1270）,他二十二歲。這一年,他應撫州鄉舉,中第二十八名。吳澄寫了許多謝詞給有關單位,但謝詞中卻表達了自己無意舉業而有志於聖賢之學的想法。[50]在這些謝詞當中,有一個特別的現象,即他很喜歡談「心」的問題,這是前所未見的。爲了說明吳澄思想之心學化,我們也不妨略舉象山的言論以供比較。吳澄說:

> 一心則所以具眾理而應萬事者也。吾心所具之理即天

48　楊雅妃,〈朱熹的靜坐〉,頁 245。
49　參閱錢穆,〈朱子論識心〉,《朱子新學案（二）》（台北：三民書局,1982）,頁 237-256。
50　方旭東,〈吳澄傳記資料纂證〉,頁 299。

下萬事之理，理之散於萬事者，莫不終於吾心。理之
具於吾心者，足以管夫萬事。天下有無窮之事，而吾
心所以應之者有一定之理。人惟不能有以存其心而無
以為一身之主，不能有以盡其心而無以知天下之理，
是以往往皆出於私意人欲而不能自反也。[51]

這裡吳澄探討的是天理與人欲的根源的本體論問題。他
將理、欲兩者都歸為「心」的作用，只要能存心、盡心便能
知天理而克制人欲。

另外，他又特別舉出「思」的重要，這亦是首見的：

欲與思，皆心之用也。外有所慕者謂之欲，內有所省
者謂之思，是欲者用心向外，而思者用心向內也。[52]
若探其本原而要其極致，則雖天地之所以為天地，聖
人之所以為聖人者，亦不過此。苟能得之於心而行之
於身，則舉天下至美至好可羨可慕之物皆不能以易此
樂。[53]
人心之虛靈知覺，其神明無所不通。苟能反而思之，
則無不可知者。人之所以不能知己之有是良貴者，亦
坐於不思而已。[54]

吳澄把「思」、「欲」都歸入人心的作用，此二者非本質
上的不同，此說顯然針對程朱理學上「天理」／「人欲」，或

51　（元）吳澄，〈謝程教〉，《臨川吳文正公外集》卷 3，頁 142。
52　（元）吳澄，〈答程教講義〉，《臨川吳文正公外集》卷 3，頁 144。
53　（元）吳澄，〈答程教講義〉，《臨川吳文正公外集》卷 3，頁 145。
54　（元）吳澄，〈答程教講義〉，《臨川吳文正公外集》卷 3，頁 145。

者「道心」／「人心」之分而發。

　　陸象山亦曾明白反對這種二分法，他說：

> 天理人欲之言，亦自不是至論。若天是理，人是欲，
> 則是天人不同矣。

> 書云：「人心惟危，道心惟微。」，解者多指人心為人
> 欲，道心為天理，此說非是。心一也，人安有二心？[55]。

　　吳澄與象山都反對二分法，而至一於「心」，一切都只是「心」的活動，惟方向不同罷了。

　　引文中，吳澄接續他二十歲之悟，將「心」提升至的本體論的樞紐地位，其工夫論也與過去程朱之學有很大的不同。他十五歲以後奮力實踐不輟「敬」的工夫，在此卻特別強調「存其心」與「思」，絕口不提「敬」了。筆者認為，這也受了象山學的影響。吳澄的「內有所省者謂之思」，可看作對上段「存其心」的闡發。「心」為主體，其若能「思」便不散逸，此即是「存心」，同時也盡了天理。

　　陸象山也曾將「存心」與「思」並舉。在赫赫有名的「心即理」論述中，他說：

> 孟子曰：「心之官則思。思則得之，不思則不得也。」
> 又曰：「存乎人者，豈無仁義之心哉？」又曰：「至於
> 心，獨無所同然乎？」又曰：「君子之所以異於人者，
> 以其存心也。」又曰：「非獨賢者有是心也，人皆有之，
> 賢者能勿喪耳。」又曰：「人之所以異於禽獸者幾希。

庶民去之，君子存之。」去之者，去此心也。故曰：「此
之謂失其本心。」存之者，存此心也。故曰：「大人者，
不失其赤子之心。」四端者，即此心也。天之所以與
我者，即此心也。人皆有是心，心皆具是理，心即理
也。[56]

這又是吳澄之偏向象山學之一例證。

此外，吳澄舉「思」和「存心」而不談「敬」，則又與
象山對「持敬」之質疑有關。象山說道：

「存誠」字於古有考，「持敬」乃後來杜撰⋯⋯只「存」
一字，自可使人明得此理。此理本天所以與我，非由
外鑠。明得此理，即是主宰。[57]

除了因為古人不談「持敬」，象山也提出了光注重「敬」
可能產生的問題：

古之人自其身達之家國天下，而無愧焉者，不失其本
心已。⋯⋯自有諸己至於大而化之者，敬其本也，豈
獨為縣而已。雖然，不可以不知其害也。是心之良莠，
萌於交物之初，有滋而無芟，根固於怠忽，末蔓於馳
騖，深蒙密覆，良苗為之不殖。[58]

象山認為只要不失本心，其他次級的工夫不在話下，然
若只言「敬」，則易失其本。因為「敬」只是一種恭敬的態度，
這種態度只是把心思強力收住不散逸，對自己的「心」的作

56　（宋）陸九淵，〈與李宰〉，《陸九淵集》卷 11，頁 149。
57　（宋）陸九淵，〈與曾宅之〉，《陸九淵集》卷 1，頁 3-4。
58　（宋）陸九淵，〈敬齋記〉，《陸九淵集》卷 19，頁 228。

用不見得能有體會。有「敬」未必能有「思」。但「思」就不同了，一個人若能隨事而「思」，必然隨事而「敬」，不僅在態度上恭謹了，還因爲明白該事物的道理而增長了智慧，是以有「思」必有「敬」。

　　林繼平認爲象山的「即物工夫」有兩層意義，一是「隨事磨練」使心體常明，一是達到「明物理」、「揣事情」、「論事勢」的目的。並且「二者的關係，不是平行的、獨立的，而是主從的、涵攝的。即以前者爲主，後者爲從。前者包含後者，後者即攝於前者，一個是根本，一個是末稍。」[59]若只有「敬」，是不可能「明物理」、「揣事情」、「論事勢」的。「思」是人的本能天賦，「苟能反而思之，則無不可知者」，聖人也是憑這種能力成爲聖人，我與聖人在起點上是平等的，聖人並不遙遠。自上觀之，二十二歲的吳澄受象山心學之影響斑斑可見。

　　象山的一切思想，包括他的「即物工夫」，都以其十三歲之悟爲基礎，而吳澄此時顯然已經得到象山的「即物工夫」之旨。可推得，這應該也是吳澄在他「極高明」的夢悟之後，而能將此「心」發用於日用常行之中的「道中庸」的表現。「思」字便是此「心」之發用的秘訣，而非「敬」字。雖然如此，吳澄絕不以「敬」爲非，正如象山亦不對之全盤否定。以二十歲爲轉捩點，此時吳澄工夫已經從「屬外」的模式，一翻而爲陸象山式的「屬內」了。

59　林繼平，《陸象山研究》（台北：台灣商務，1983），頁98。

三、由朱入陸或者棄朱從陸？

吳澄十五歲開始實踐儒家工夫直到十九歲傾向陸學，其過程不可謂不艱辛。對他而言，聖人之學便是實踐之學，光能記誦，徒解義理都不算數。他的實踐之功自朱子始，其用力之深、之苦難以想像，然所得似乎有限。直到後來接觸象山之學，到二十歲一夢而悟，再無疑慮。但他並不以開悟為滿足。他發現「吾心即天」之後，還要能將此無窮廣大之心發用在日常生活之中，要能「極高明而道中庸」才行。其所造彌深，其旨彌簡，愈來愈逼近核心，到最後僅一「思」字便概括用「心」之法，接近林繼平所謂的象山即物工夫之旨。

在此出現一道極其難解的謎題：究竟吳澄是透過修行程朱之學深造有得而進入象山之境界，還是他拋棄程朱之學而改從象山方臻此境？如果吳澄最終認同了象山，且此為其修養之完成，那麼他早年對程朱工夫的實踐對此完成是否有任何正面的貢獻？

程朱工夫對吳澄確實是有幫助的，若沒有程朱工夫，要達成象山之境界事實上有其困難。因為象山自己也是從程朱那樣的比較外在的方式逐步發現「心」之體用的，唯其天資超卓，走得比常人更快罷了。這麼說似乎有些違背學界共識，但我們只要觀察象山的家庭背景及其幼年經驗便能明白。〈陸九淵年譜〉記載象山之父陸賀：

> 生有異稟，端重不伐，究心典籍，見於躬行。酌先儒

> 冠、昏、喪、祭之禮行於家，弗用異教。[60]

可知陸賀是一個篤行儒家禮教之人，不論個人修養或者家族禮儀皆然。其中「端重」、「躬行」不正是「敬」的工夫嗎？

有其父必有其教，象山年方四歲便能：

> 總角誦經，夕不寐，不脫衣，履有弊而無壞，指甲甚修，足跡未嘗至庖廚。常自灑掃林下，宴坐終日。立于門，過者駐望稱歎，以其端莊雍容異常兒。[61]

象山又回憶道：

> 某七八歲時，常得鄉譽。只是莊敬自持，心不愛戲。[62]

陸九淵才四歲便展現出與常兒不同的端莊氣質，生活一絲不苟。這除了用天性來解釋之外，家庭教育的薰陶更是不容忽視的關鍵因素。此時的象山對「心即理」、「宇宙即吾心」等命題絕無體會，故此氣質必爲規範所致，由此規範所引導出的象山的生活態度，即使無「敬」之名，必有「敬」之實。這也顯示了，陸象山的家教無處不彰顯「敬」的精神。

象山思想與其家庭背景的深厚關係，學者早有關注。錢穆論象山時特別強調陸家：「家金谿，累世義居，推一人最長者爲家長，子弟分任家事，凡田疇租稅出納，包纍賓客之事，各有主者。他們兄弟在這樣的環境中歷練成學。」[63]侯外廬則指出：「陸氏兄弟在鄉里依然佔據家族長的統治地位，在經

---

60 〈陸九淵年譜〉，《陸九淵集》頁 479。
61 〈陸九淵年譜〉，《陸九淵集》頁 481。
62 〈陸九淵年譜〉，《陸九淵集》頁 481。
63 錢穆，《宋明理學概述》（台北：素書樓文教基金會，2001），頁 124。

濟上雖然沒落，而在鄉里的勢力依然保持著豪族的傳統精神。」[64]韓明士（Robert Hymes）則把陸象山對書院的相對不重視，歸因於他的「家傾向」，認為陸象山因為看重家族的功能，而忽視了鄉村社會組織的重要性。[65]這三位學者從不同的角度看出了陸象山思想的「家族性」，可見象山生長的家庭卻實對他影響極深。

象山自幼年便在無意中實踐著程朱所提倡的「敬」的工夫。有家庭教育的澆灌，和與家族成員分工合作以維持大家族運作的人倫實踐經驗，加以象山天性能夠自持，其過程太順利了，太不刻意了，聖人之教的一切對他而言是如此的自然而然，絲毫不需要勉強，使他能在十三歲便大徹大悟人倫、心性、宇宙之大源。田浩對此亦有所察：

> 陸九淵在講究儒家教養、文化氣息深厚的家庭中成長，又是六兄弟中最年幼的一位，所以一直對儒家的行為準則感到很自在。宋代的主要道學家除程顥以外，都不像陸九淵那麼信心十足，認為成德輕易可行，儒家的學說簡易明瞭。[66]

象山家族為累世義居，彼此分工合作的大家族，具有世族精神的遺留。象山這種家庭背景，並不是每一位學者都能夠享有的，更遑論朱熹這樣在顛沛流離的逃難生活中度過幼

---

64 侯外廬編，《中國思想通史》卷四下冊（北京：人民，1960），頁651。
65 韓明士，〈陸九淵，書院與鄉村社會問題〉，收入田浩編；楊立華、吳豔紅等譯《宋代思想史論》。
66 田浩（Hoyt Cleveland Tillman），《朱熹的思維世界》（台北：允晨，2008），頁293。

年時光的人了。

　　為何一個人要悟得「心」之體用很難不由相對表面的主敬工夫入手呢（也許不是不可能，只是很難）？筆者認為原因有二：1.一個人不論怎樣的智慧，他的思考一定是從一出生就接觸的那個包圍著他的現實世界的問題產生，而非出世的或者超越界的問題。尤其是吃飯穿衣、然後是待人接物。而「敬」的工夫正是教人如何在這些方面得心應手。2.靜坐、內觀等工夫需要比在日常生活中更高的專注力來消滅雜念，維持平靜的狀態，如果一個人連日常生活大小事都無法專心一致，就更不可能進一步透過此等工夫體證超越的心體了。如果沒有作為思考之基礎的對心體的體悟，則「思」將形同無根之木一般的散亂，無法一以貫之。

　　朱子的工夫由日用常行中的持敬入手，在輔以對書中義理的思索，而逐漸體會心之大用。他反對以體證、默識心體為用功的目標，本人也終身未有此等神秘經驗。陸象山則自小生活在規範森嚴，講究生活倫理的家庭之中，加以天性使然，所謂「敬」對他而言根本不是什麼需要自覺地、刻意地去從事的工夫，只是一種生活的基本態度。因此，他在論工夫時便不大提「敬」，而直接講內在的心的問題，先逆覺體證心之體，再加以「存之」，於生活中之間以「思」來表現心之用。此即朱陸工夫之根本的不同。

　　吳澄的生長環境雖未如朱子之破碎，但也不像象山那樣一個家族就如同整個社會的縮影，能在家族中自然完成許多歷練。因此，有些工夫對吳澄而言或許還是必要的，比如這

個「敬」字。然而，吳澄由敬入手，並不以朱子之境界爲休止，而更欲翻入象山之學，體驗朱子所反對的體驗，最終默識了心體之實在，及其與天相通、廣大無邊的特性。於是，他終於承認象山確實造就了朱子所未造及不願造之境界的事實。筆者認爲，吳澄的工夫是由朱而入陸，而非棄朱改從陸。

四、吳澄學術傾向的定型

對吳澄而言，朱陸之同在於兩者都是聖人之學，兩者都兼顧「尊德性」與「道問學」，而其異在於朱子爲漸進，象山爲捷徑。因爲他是在接觸象山學之後才短期內悟道的。吳澄這種看法，在他三十九歲離京南還時明白表露出來。其詩曰：

> 臨川捷徑途，新安循堂序。本得近定慧，末失墮訓詁。[67]

又曰：

> 新安窮格功，臨川修省處。三人有我師，況此眾父父。[68]

這兩首詩，第一首認爲象山是學聖人之學的捷徑，朱子則是循序漸進。這是因爲象山直接透過內在體驗默識心的實在之「體」，而朱子則是透過對義理的思索和將義理應用於日常生活之中，來逐漸領會心體之「用」。前者是「屬內」的，後者是「屬外」的，「屬內」者當然爲捷徑也。此外，吳澄又分別以「本」、「末」來指代陸學與朱學，顯然認爲陸學是從根本處去修，而朱學則由末節入手。如果從根本處的修行能有所得，則容易進入佛家所說的「定」、「慧」的境界。而末

67　方旭東，〈吳澄傳記資料纂證〉，頁314。
68　方旭東，〈吳澄傳記資料纂證〉，頁315。

節處的修行，一個不小心便容易墮入章句訓詁之俗學。其實這是吳澄對時學之弊的有感而發，並非對朱子學之否定，但從其並不批判「陸學末流」來看，似乎對陸學的評價還是比較高的。

第二首詩中，吳澄話鋒一轉，不再評判朱陸高下，而是以平等的眼光看待此二學派，顯然又經過了一番思考與反省。最終，吳澄發現朱陸之學皆有其長，並不否定朱子窮格之功。但有一點值得注意，吳澄的修省從程朱的「敬」法入手，可見他清楚的明白程朱並非不修省，而其終究認定「臨川」才是修省處，可見在實修功夫上，吳澄確實歸宗象山了。

五、小　結

本章，筆者呈獻了吳澄從少年至青年，其思想與工夫之互動關係，及其整體演變的歷程。吳澄原本是個順從社會價值，拳拳於舉業之學的學子。不甘於此的他，發現了朱子心性修養之學的價值，從十五歲起便孜孜矻矻地在生活中實踐其學。他由「勤」、「謹」，而體會「敬」，掌握了程朱修養之心法。雖然如此，他卻在六十四歲時透露這段時期曾對四書的解讀與朱子不無異同。身為江西人，他不可能不耳聞鄉先賢象山先生之大名，而其與朱子之學術爭論更是長期懸掛其心的難解之題。直到他十九歲時，才對遠道而來的學者表達這樣的心聲。當然我們不該忽視吳澄對朱陸異同無止盡的思考，但或許是誠心感天，他在二十歲那年發生的一次神秘體驗，關鍵性地使他堅定了對「心」的信仰。所謂「吾心即天」，

可以說他的思想雖未全然擺脫朱學的影子，卻從此轉向心學。吳澄體認到「思」為心之用，為心本體之發露，反而不談「敬」了。而促成吳澄思想轉變的關鍵，筆者認為與他的靜坐工夫有直接的關連，這也是在東方修煉傳統中獲致神秘體驗的捷徑。

筆者以為，吳澄由朱學而入陸學，卻絕非背棄朱子。因為程朱工夫對吳澄確實是有幫助的，若沒有程朱工夫，要達成象山之境界事實上有其困難。因為象山自己也是從程朱那樣的比較外在的「敬」法逐步發現「心」之體用，唯其天資超卓，走得比常人更快罷了。這也可以說明，何以吳澄往後對學子的教導往往從「敬」談起。為學有其先後順序，我們不能因為吳澄走進了陸學便以為他拋棄了朱學，更不能因為吳澄以「敬」教人，而判斷吳澄仍然以朱學為主。

陸子幼承庭訓，在無意之中實踐「持敬」之法，我們卻不能據此做出朱陸工夫事實上完全相同的判斷。因為象山在經過短暫的「持敬」修養之後，更有意地追求「屬內」的體證心體的工夫，並且在完成此項工夫以後其整個宇宙觀發生了翻天復地的大轉變。這種轉變，也讓他放棄「持敬」，改為由「本心」自然地發用於日常。這種「異質的跳躍」，是朱子所不願追求的。朱子終身奉行的，都是「持敬」與「格物致知」的工夫。

最後，吳澄以「臨川捷徑途，新安循堂序。本得近定慧，末失墮訓詁」，「新安窮格功，臨川修省處」來概括朱陸二學之特色與得失，認為兩者各有其長，而當以陸學為本。此可謂其朱陸異同觀初期的成形，與其晚年定論相去無幾了。

第四章　吳澄的「窮格之功」
── 兼論鄭玉

一、博學與著述：吳澄的「窮格功」

「格物」、「致知」本爲《大學》中論爲學次序的初階，到宋代才被理學家廣泛重視，並與「窮理」緊密聯繫。《大學》中有「致知在格物」、「物格而後知至」之說。對此，朱熹在《大學章句》中的解釋是：「格，至也。物，猶事也。窮至事物之理，欲其極處無不到也。」又：「知至者，吾心之所知無不盡也。知既盡，則意可得而實矣，意既實，則心可得而正矣。」1按朱熹對格物的解釋，可知他心目中的大學爲學次序是一個透過對外物的認識而完善內在修養的工夫論，與其他理學家追求神祕體驗的「察識」工夫相比，這比較屬於知解的層次，是一個「屬外」的工夫模式。

因爲朱熹工夫的「屬外」的特色，再加上作爲此一工夫論基礎的「理」本體論，使「格物窮理」或者「格物致知」這個原本先秦儒學便已標榜，或者已見端倪的主張，在宋代以後卻成爲程朱一派的象徵。眾所皆知，這爲陸王心學所不

1　（宋）朱熹，《四書章句集注》（北京：中華，1983），頁 3-4。

取。

　　吳澄在工夫論上嚮往「臨川修省處」，但他卻不如一般陸學者那樣鄙棄「新安窮格功」，這是吳澄思想的一大特色。所謂「窮格」，我依照吳澄一生的學術活動，將它分爲「博學」與「著述」兩個部分來談。

　　吳澄自小便博覽群書，他的最有名的弟子虞集，對人這麼描述他的老師：

> 辯傳注之得失，而達群經之會同。通先儒之戶牖，以極先聖之閫奧。推鬼神之用，以窮物理之變。察天人之際，以知經綸之本。禮樂制度之具，政刑因革之文，考據援引，博極今古，各傳其當，而非誇多以穿鑿。[2]

　　年譜記載，他在學習聖人之學以前，已經精通了所有應付科舉所必備的知識。往後，除了作爲一個理學家所必須研讀的那些典籍之外，他也精通諸子百家言，甚至醫術、術數也靡不探究。

　　事實上，吳澄在國子監任上，便是以在經學領域的廣博知識贏得北方學者的敬重的。當時的北方著名學者元明善，曾任延祐二年科舉首充考試官，及廷試又爲讀卷官，後改禮部尙書、翰林侍讀、集賢院侍讀、翰林學士，修仁宗實錄。他曾自負地批評虞集在經學上不夠博通，[3]而面對吳澄卻自

2　（元）虞集，〈送李擴序〉，《道園學古錄》卷 5，頁 25。
3　（明）宋濂等，《元史‧元明善傳》卷 181（臺北市：鼎文書局，1981），頁 4173。

嘆：「與吳先生言，如探淵海。」並終身執弟子禮。[4]《新元史》還評價吳澄：「其學誠篤不及衡，而淹博過之。」[5]這反映了吳澄的博學形象在當時居然蓋過了他的道德修養，顯然與他的自我期許有相當的差距。

　　關於著述，一般來說朱子比較重視文字語言及其邏輯的作用，是以他著作等身。而陸象山則是秉持著「六經註我，我註六經」的精神，未曾留下任何專著。如果我們視吳澄爲朱學四傳，那麼他完成宏偉的《五經纂言》巨著，又研究《老子》（其《道德真經註》是元代老學的代表著作）、《莊子》、《太玄》便不令人驚異。正如狄百瑞所言：

> 不論形式上或精神上，吳澄的觀念似乎更接近朱熹。尤其他對文學作品的較不重視、強調對經史的理解、和關於內聖外王的知識。[6]

　　但既然他極其嚮往陸象山，我們便不能不疑惑，他是如何爲這一切被陸學者認爲是妨害修養的智力活動找到修養工夫上的定位呢？本章所要論述的主題，便是吳澄如何成就一個融朱學窮格之功入陸學心學理論體系的工程。最後筆者將兼論與吳澄並稱爲元代兩大「和會朱陸」的代表性學者 —— 鄭

4　（元）揭傒斯，《神道碑》，《吳文正集》附錄，頁 950。

5　柯劭忞，《新元史・吳澄傳》卷 170（台北：藝文，1955），頁 1615。

6　"Wu's ideas appear to have been similar to Chu's in form and spirit, especially in his de-emphasis on literary composition and his stress on an understanding of the classics and history, a knowledge of practical affairs, and exemplary conduct."【Wm. Theodore de Bary, Neo-Confucian Orthodoxy and the Learning of the Mind-and-Heart（New York: Columbia University, 1981）, p59.】

玉，分析比較兩人「和會朱陸」之內涵，以凸顯吳澄思想的獨特性。

二、博學著述有害修養 ── 陸學者的普遍想法

自陸象山以降，陸學者一般都與博學二字沾不上邊。除了陸象山本人所標榜的「六經註我，我註六經」容易引起嚴肅看待文獻典籍之士的不滿之外，象山弟子將此風格發展至極端也必須負很大的責任。

陸象山門下，依地域可分爲兩系，一爲「槐堂諸儒」，一爲「湧上四先生」。槐堂諸儒中，象山對傅子淵的評價最高，說他：「人品甚高，非餘子可比也。」[7]又如前註，象山語錄記載：「松問先生：『今之學者爲誰？』先生屈指數之，以傅子淵居其首，鄧文範（約禮）居次，傅季魯、黃元吉又次之。」可見傅子淵於陸門中的地位無人可及。然而，這樣一位陸門大將，卻留下一則不怎麼光彩的故事：

> 淳熙乙未登進士第，官澧州博士。遷衡州，主石鼓書院，著有石鼓文集。時周益公帥長，乘子淵不備，瘁至，請升座講易。子淵顧左右，取易正文，徑升座，讀乾、坤、屯、蒙，聽者已倦。忽藏之袖間，正色大言曰：「此紙上易不足講，講三經人之易可乎？」於是倦者懼容。益公離座，躡子淵後而言曰：「今日見子淵矣。」[8]

7　（宋）陸九淵，〈與陳君舉〉，《陸九淵集》，頁 128。
8　《南城縣志・儒林傳》。轉引自徐紀芳，《陸象山弟子研究》，頁 98。

　　面對突如其來的易學「考核」，這位陸門第一高足顯得有些慌亂。雖然文獻學不是陸門的研習重點，然而《易》是被宋代理學家所共尊的天人之學經典卻是不爭的事實。子淵把這麼重要的哲學典籍講到令人昏昏欲睡，也難免給人「浪得虛名」的壞印象了。

　　這種輕視文獻之學的習慣，也爲元代部分宗陸的學者所沿襲。元代江西有位著名陸學大家陳苑，其弟子李存原本認爲無所不通是大儒的必備條件。李存曾「慨然於天文、地理、醫藥、卜筮、道家、法家、浮屠、諸名家之書皆致心焉」，卻在遇到陳苑之後「夙夜省察，始信力行之難，惟日孜孜究明本心，焚其所著書內外十一篇，曰：『無使誤天下後世也。』」。後來，李存在一次科舉落第後選擇隱居授徒的生活。[9]顯然李存認爲外向性的博學、著述對「力行」、「究明本心」不但無益，更加有害，才使他對自己過去的學術心血祭出如此激烈的手段。

　　陳苑的另一位弟子祝蕃，也表現出陸學者獨特的學術內向性。他認爲「風霆流行，庶物露生，無非教也」，且「斯須不廢內觀，篤於陸氏本心之學」。[10]「斯須不廢內觀」或許有一些誇大，但這也說明了他在內修和博學的天平上是極端傾向前者的。

　　陳苑是元代江西陸學的重要代表人物，而李祝二人又是他的兩位重要弟子。由此二人的學術活動來看，他們絕不僅

9　（清）黃宗羲，《宋元學案》卷 93，頁 3104。
10　（清）黃宗羲，《宋元學案》卷 93，頁 3103。

止於認識到文獻之學在心性修養上的侷限而已。至少焚書這樣極端的行爲，表現出他們確實視外向的道問學是有害修養的。

　　既然江西陸門（此先不論甬上陸門）自象山之後逐漸表現出對博學與著述的輕視，那麼吳澄呢？

三、吳澄的博學論

　　筆者相當贊同王素美的觀察：

> 吳澄完全繼承了陸九淵尊德性的思想體系。當然他也重視道問學，不過，他對道問學的重視，只不過是作爲尊德性的一種手段而已。[11]

　　王氏注意到了「尊德性」在吳澄理學中的根本性和目的性，以及「道問學」的工具性。可惜的是，王素美對吳澄如何貫通此二者，即「道問學」如何作爲「尊德性」的手段沒有深入剖析，而這也是筆者在本章所要努力的方向。

（一）「反約」學習法

　　吳澄一直以來並不反對「新安窮格功」，甚至認爲博學是一位儒者的必備條件。他曾批評反對博學的人：

> 聖門一則曰多學，二則曰多學。鄙孤陋寡聞，而賢以多問寡，曷嘗不欲多知哉！記誦之徒則雖有聞有見，而實未嘗有知也。[12]

---

11 王素美，《吳澄的理學思想與文學》，頁 125。
12 （元）吳澄，〈評鄭夾漈通志答劉教諭〉，《吳文正集》卷 2，頁 25。

　　吳澄認為儒者就是要學，但是學不是光記誦，記誦只有表面的學，而不能有「知」。但也不能過份重視內修，而忽略進學：

> 今立「真知」、「多知」之目，而外「聞見之知」於「德性之知」，是欲矯記誦者務外之失，而不自知其流入於異端也。[13]

　　吳澄指出當時許多人鑑於記誦之學的弊病而矯枉過正，將感官見聞（「多知」、「聞見之知」）與自己內在天賦的靈明智慧（「真知」、「德性之知」）一分為二，使感官聞見之知識疏離化，這是陷入異端（應指佛教）的思維了。

　　博學很重要，但是應該要怎樣學習才不會變成僵硬的「記誦之學」呢？吳澄提出了「反約」的方法：

> 能博學詳說而反約，言則此心之傳，其傳在我矣。五常萬善之理，皆吾之得於心者，苟能精思力踐而妙契焉則心之得，其得不失矣。[14]

　　他也曾經嘉嘆一位以「約」名其書房的學者：

> 世之為學者比比，知務約者幾何人哉？工詞章、衒記覽、書五車、牘三千、說稽古數萬言於以鬭靡而夸多，此俗儒之俗學固無足道。幸而窺聖人門牆矣，格物窮理以致知，識前言往行以畜德，而終身汗漫如遊騎之無所歸，亦豈善學者哉！[15]

13　（元）吳澄，〈評鄭夾漈通志答劉教諭〉，《吳文正集》卷 2，頁 25。
14　（元）吳澄，〈楊忞楊惪字說〉，《吳文正集》卷 8，頁 106。
15　（元）吳澄，〈約齋記〉，《吳文正集》卷 40，頁 429。

　　吳澄提出「反約」的學習原則，而反約的執行細則，則是「精思」、「力踐」、「妙契」。這種內外兼顧的學習法，事實上是大學「物格而後知至」的發展，是朱門特別重視的理念。然而朱子一派用以完善此工夫論的本體論基礎是一個分「心」/「理」為二的理論架構，這不是陸門心學能接受的。因此在吳澄看來，即使能做到「格物窮理以致知，識前言往行以畜德」，也未必能真正反約，仍有氾濫群書不知所為何來的可能。

　　第一段引文中，「精思、力踐、妙契」是朱子讚橫渠之語，為朱子所重視的在人倫日用中的格物致知之功。[16]「此心之傳，其傳在我」、「皆吾之得於心者」、「心之得」則為典型的象山心學話語。在此，吳澄採取朱學的窮理工夫，卻將其從朱熹原本的「心」/「理」為二的理論架構中移植到陸象山的心理合一的心學體系中。這是吳澄理論的巧妙之處，也解決了陸學者不重視博覽，而朱學者因分心理為二的理論缺陷而產生的嚴重問題。

　　為什麼朱學者格物窮理致知的路子也有不約的問題呢？這是因為吳澄所謂的「反約」，並不是如現代學術那樣的，將一連串的知識用一套理論將其串連解釋的那種「為知識而知識」的活動。即便朱熹也並重博學與修養，但他分「心」/「理」為二的理論，卻很容易產生成知識活動與心性修養脫鉤的結果。吳澄的反約，指的是透過對外在客觀事物的研究，來打磨、型塑上天賦與我的心性，這是「為修養而知識」的

16　（宋）朱熹，〈六先生畫像贊〉，《朱文公集》卷 85，朱傑人、嚴佐之、劉永翔主編《朱子全書》（上海：上海古籍，2002），頁 4003。

活動。既然是爲修養而知識，則知識活動便被納入了工夫論的一環。他舉邵雍作爲「反約」的模範來做說明：

> 邵子自言其學於里、學於鄉、學於國、學於古今、學於天地。盡里人、鄉人、國人、古今天地之情以去己之滓。夫天地古今鄉國之情不易盡也，而其要歸則以去己之滓而已。約者蓋如是。[17]

所謂「去己之滓」，關係到理學上解釋每個人道德、智慧天賦不同的「氣秉」理論。理學家認爲，每個人都是秉天地之氣而生，智慧愈高、道德愈好的人，代表他所秉賦的氣比較清純，反之則氣較濁。理所當然的，聖人所秉之氣是至純的，而理學家要學聖人，就必須不斷地「去己之滓」，排除濁氣，使自己的氣不斷純化，以臻聖賢之境。吳澄認爲，邵雍藉由學習關於鄉里、國家、天地、古今的知識，而純化自己的秉氣。在吳澄看來，邵雍的學習並非爲了解決某一個客觀的知識問題，而是以修養心性爲目的，以學習外在知識爲方法的工夫，而這正是吳澄所提倡的「反約」的學習法。這與朱子所強調的格物窮理而明「吾心之全體大用」不同。對吳澄而言，「明體」不是格物窮理所能成就的，這應是「屬內」的工夫，須由「內觀」而得。而「反約」則是將格物窮理化爲在「明體」之後，在主體上能夠「涵養」，對外又能「達用」的工夫。此外他又發現窮盡天地萬物之理這種「不可能的任務」所隱藏的問題：它將使學者爲知識之海所吞沒。是以他

17　（元）吳澄，〈約齋記〉，《吳文正集》卷 40，頁 429。

承認「天地古今鄉國之情不易盡」，不易盡不能盡不打緊，只要能「去已之滓」即可。吳澄要人時時注意收心於內，莫讓此心爲外物所蔽。

（二）「道問學以括權變之用」

「反約」學習法是博學的工夫要領，它能確保學者持續以修養爲本，而不將知識疏離化。然而即使如此，也只能說明吳澄找到了一個好的學習方式，並不能說明儒者非讀書求學、泛觀博覽不可的理由。事實上，吳澄也並未正式針對此一議題展開論述，然而，筆者從他與學者的往來言談當中，發現了一些蛛絲馬跡足以對此提供一個解釋。

吳澄曾替一位楊姓藏書家的藏書所 ──「志雅堂」作記。這位藏書家藏書破萬卷，且名畫、墨蹟無所不藏。吳澄觀此，在記中勉勵楊氏子孫曰：

> 夫大雅君子之儲書以遺後，固將有所用也。請言書之爲用：通天地人曰儒，一物不知，一事不能，恥也。洞觀時變，不可無諸史；廣求名理，不可無諸子；遊戲詞林，不可無諸集；旁通多知，亦不可無諸雜記錄也。而其要唯在聖人之經。[18]

這段話的重點其實不在「一物不知，一事不能，恥也」

---

18 （元）吳澄，〈題楊氏志雅堂記後〉，《吳文正集》卷 57，頁 569。在四庫本《吳文正集》中，此篇題名爲「題楊氏忠雅堂記後」，然觀內文有「作室以儲，匾曰志雅」之語，而吳澄又以「人之志，有雅有俗」作爲文章開頭，可見「忠雅」爲「志雅」之誤，特此正之。

的豪語，[19]而在於他發現了讀書博學的終極目的是「用」。如果我們從後面看到前面，就可明白吳澄工夫論的次序。對他來說，聖人經典是修養之書，必須終身學習，是爲「其要」。在修養的路上，不能只顧自己好，做一個「自了漢」，還必須對社會有所貢獻。想對社會有所貢獻便需要用世，而要用世的人，光有修養是不夠的，他必須具備各種不同的知識。這便是「書之爲用」。然而，讀書之用不能離開修養的根本，與修養脫鉤，因此對吳澄而言，修養是「體」，而讀書是「用」。兼顧體用才是一個真正的儒者。

吳澄在一次勉勵學者的談話中提出了頗有理論意義的見解：

> 尊德性以極衡平之體，道問學以括權變之用。此中庸要領，君持是佐其長，其必有非常之政聞於人。[20]

吳澄認爲，「尊德性」的目的是向內證成心體、擴大心體，而「道問學」則是對此心體之運用。事實上，這就是陸象山所說的：

> 此天之所以與我者，非由外鑠我也。思則得之，得此者也；先立乎其大者，立此者也；積善者，積此者也；集義者，集此者也；知德者，知此者也；進德者，進此者也。[21]

---

19 《南史・陶弘景傳》曾描述陶弘景：「讀書萬餘卷，一事不知，以爲深恥。」以吳澄之博通，或曾讀過此書。詳見（唐）李延壽撰、楊家駱主編，《南史》卷 76〈陶弘景傳〉（台北：鼎文，1981），頁 1897。
20 （元）吳澄，〈淩德庸字說〉，《吳文正集》卷 7，頁 87。
21 （宋）陸九淵，〈與邵叔誼〉，《陸九淵集》卷 1，頁 1。

　　象山口中的「天之所以與我者」自然指的是本心或者心體，亦即吳澄所說的「衡平之體」。而「思」、「立」、「積」、「集」、「知」等工夫完全是此一心之不同的運動狀態。這種運動狀態其本質乃是修養，若與外在的客觀世界做連結，則可展現其實用之取向。吳澄認為，能明白這個道理，為政必能通達。吳澄將「道問學」與用世結合，符合儒家「內聖外王」之學的基本綱領。

　　事實上，陸象山也重視實用知識。陸象山曾告誡學者陳正己：

> 前言往行所當博識，古今興亡治亂、是非得失，亦所當廣覽而詳究之。顧其心苟病，則於此等事業，奚啻聾者之想鐘鼓，盲者之測日月，耗氣勞體，喪其本心，非徒無益，所傷實多。[22]

　　這段談話中，陸象山除了告誡陳正己涵養此心的重要之外，更重要的訊息是他完全贊成對前言往行、古今興亡治亂、是非得失的充分認識與研究。這是常為研究陸學者所忽略，更是為元代的陸學者所忽略的。宋儒講「內聖外王」、「修、齊、治、平」，不但要涵養自己，還要兼善天下。一般來說，「得君」是他們「行道」的最重要管道。即使像朱熹和陸九淵這一對學術上的論敵，在面對君主，面對「行道」的機會時，他們仍然會自覺地站在同一陣線，互相勉勵，而非競爭。[23]

22　（宋）陸九淵，〈與陳正己〉，《陸九淵集》卷 12，頁 162。
23　參見余英時，《朱熹的歷史世界 —— 宋代士大夫政治文化的研究（下）》（北京：三聯書店，2004），頁 441。

對吳澄頗為推崇的心學大師王陽明也說過：

> 明明德者，立其天地萬物一體之體也。親民者，達其
> 天地萬物一體之用也。故明明德必在於親民，而親民
> 乃所以明其明德也。[24]

狄百瑞從這段話發現了王陽明重視經世的哲學基礎：
「王陽明對道的觀念是活潑的，他的精神是積極的。這些都
可以在他超越朱熹的『新民』而進一步強調『親民』看得出
來。結果『大人』所應肩負的責任感便愈為加深。」[25]但他
沒發現這當中隱含的心學將工夫和本體合一的思想特色。「明
明德」即認識自己內在本自具足的的德性，以陽明之語來說
即是「良知」，以象山之語來說曰「本心」。「良知」或者「本
心」（心體）即通「天地萬物一體之體」（道體）。將此心體發
用於民便是「親民」。陽明於此雖為強調博學的重要，但卻也
將從事實際事務在心體上的意義闡發出來了。事實上這就是
吳澄所說的「尊德性以極衡平之體，道問學以括權變之用」。
可見這樣的思路，由象山、吳澄迄及陽明實乃一脈相傳。吳
澄以「心體」來概括體用，將朱子所重視的窮格之功納入陸
學的心學體系，以陸學為主軸完成了一般人所謂的「和會朱
陸」的大工程。

24　（明）王守仁，〈大學問〉，《王陽明全集》卷 26（上海：上海古籍出
　　版社，1992），頁 968。另外，王陽明對吳澄的推崇，可在《朱子晚年
　　定論》中他讚許吳澄「見之尤真」看出。【白百伶，《宋元之際的朱陸
　　異同論》（中國文化大學中國文學研究所碩士論文，2004 年），頁 90。】
25　狄百瑞著、李弘祺譯，《中國的自由傳統》（香港：中文大學出版社，
　　1983），頁 90。

　　在吳澄的時代，陸學者一般只顧自己修養，而不願從事有益現實社會的工作，吳澄看出了這一弊端有違儒門的「外王」之教，因此特別在理論上將泛觀博覽的「道問學」向前後開路。前面一條路與「尊德性」領域的修養作連結，強調對外在知識的吸取與思考能夠「去己之滓」，於修養大有裨益。後一條路則是開向用世，儒者在成就自己的同時也必須成就他人（並非成就自己之後才成就他人，因爲成就自己與成就他人是並行的，這是體用合一的原則），這是與佛老的決定性差異。

　　道學之「外王」面必須在工夫論的視野上，才能看出它與一般事功之學的不同。余英時曾用一小篇文字，總結他從政治角度解讀宋明理學的一系列研究所得到的觀念。他認爲：「宋代儒學一開始便提出『回向三代』，即重建政治秩序。」[26]且「『回向三代』便是強調政治秩序（『治道』）是第一優先」。[27]又說：「宋代儒學復興的重點放在『治道』上面。」[28]但他也不得不承認：

> 理學其實是一個「內聖外王的連續體」，我是要從「內聖」回轉到這個連續整體，並不是完全撇開「內聖」，只重外王。不但如此，我論「內聖外王連續體」不可分，主要是著眼於理學作為一整體和理學家作為一士

26　余英時，〈中國思想史研究 —— 中國思想史上四次突破〉，氏著《人文與民主》（台北：時報，2010），頁 163。

27　余英時，〈中國思想史研究 —— 中國思想史上四次突破〉，頁 163。

28　余英時，〈中國思想史研究 —— 中國思想史上四次突破〉，頁 163。

大夫集體這個層次上。至於理學家作為個別的人，則有傾向於「內聖」的，也有傾向於「外王」的；在這兩大型之中，個別傾向的程度也因人而異，無從一概而論。但由於理學家作為儒者必須在理論上同時肯定「內聖」與「外王」兩大價值，不可能捨去其中任何一個，於是在個人層面上便出現了「內聖」與「外王」之間的緊張。這是因為一方面「內聖」取向的理學家必然意識到：他們除了「存養」和「講論」所謂「道德性命」之外，還承擔著「外王」（建立秩序）的責任（「以天下為己任」）。另一方面，「外王」取向的理學家也時時警覺到，他們不能終日在世務中頭出頭沒，必須隨時在「內聖」領域中力求精神境界的提升。唯有如此，他們才能本其「外王」之學不斷從各方面改善人間秩序。[29]

　　余英時對於理學上「內聖外王」的關係，及其在理學家個人所作的抉擇做了一個看似極為周延的論述。確實，理想上偏向「內聖」的理學家也不能荒廢「外王」，而重視「外王」的理學家也不能忽略「內聖」。但「內聖外王的連續體」這個概念其實還有一些小瑕疵，並不足以解釋陸、吳、王之心學體用觀。在吳澄看來，從「內聖」的角度看，「外王」就是「內聖」；從「外王」的角度看，「內聖」就是「外王」。從工夫論

---

29 余英時，〈我摧毀了朱熹的價值世界嗎？ —— 答楊儒賓先生〉，《朱熹的歷史世界 —— 宋代士大夫政治文化的研究（下）》附論二，頁879-880。

的角度解釋，所謂「外王」可說是個人對道體把握存養之後的自然發用。「外王」是「內聖」的流出。「內聖」與「外王」是「互相涵攝」的，而非「連續」的。若說「連續」則有分先後，仍不免體用二分之病，因此筆者主張用「內聖外王互攝體」來取代「內聖外王連續體」。從本體論的角度解釋，道學的「道」實是一超越性的本體，有人叫它「仁」，有人叫「本心」，有人叫「獨體」，有人叫「良知」，而非現代意義的「法則」。「治道」只是此「道」在「治」這個領域上的體現。雖然理學家很重視它，但決不能說道學的「道」就是「治道」。必須了解這一層，以免為余英時之言「治道」所蔽。

四、吳澄為何著述？

（一）外王的轉向

　　如果說「道問學以括權變之用」是為了在政治領域取得實用的經世濟民知識，那麼順著這個路線，吳澄的學問照理說會帶有陳亮式的實務色彩，而不該表現在對古典的研究上。事實卻不是如此。這該怎麼解釋呢？確實，不僅在理論上，從實際的行為來觀察我們也能發現吳澄對用世的熱情。可惜吳澄空有熱情，卻無法在這個時代盡情發揮。他曾數度拒絕出仕元朝，「他選擇退隱，既由於外族統治所帶來的創傷尚未癒合，也由於他察覺到了南方學者話語權利的旁落所帶

來的限制」。[30]在國子監，他又因為推動教育改革失敗而再度
退隱。[31]吳澄的時代無疑和朱陸的時代有天翻地覆的差異，
然而在思想上，吳澄卻從未忽視、放棄「外王」這一面。

　　吳澄二十七歲時，曾經作草屋數椽而題其牖曰：「抱膝
梁父吟，浩歌出師表。」可知他在當時已知宋世將亡，卻還
有用世的想法。[32]此外，吳澄在與道士的交談中，也常透露
他用世的理想。比如他認為莊子之學是「內聖外王」之學，
具備「經世之用」。[33]吳澄還曾以行舟作比喻，認為儒家聖人
會讓每條船有條不紊地航行而不會相撞，而道家則是任船相
互碰撞。[34]由此可知，吳澄理學思想的外王一面並未因元代
儒者地位降低而消泯。

　　又想用世，又不願出仕，吳澄該怎麼抉擇呢？下面這段
話頗能代表吳澄的儒家用世觀：

> 聖人之心猶天也。若夫自處其身於無過之地，而視人
> 之得其所不得其所若無與吾事然，是則楊朱為我之
> 學，而聖賢之所深闢也。若曰時不可為不若全身避害
> 之為得，又曰今與古昔聖賢所遇之時不同也，所居之
> 位不同也。竊謂不然。夫時不同，為其時之所可為者
> 而已。位不同，為其位之所當為者而已。若復瞻前顧

---

30 David Gedalecia 著、魏崇武譯，〈元代理學家吳澄〉，《新亞論叢》第
　　四期，頁 34。

31 詳情請見王建軍，〈教養化育與科舉主導：元代國子監辦學模式的演
　　變〉，《河北師範大學學報（教育科學版）》，第八卷，第二期。

32 錢穆，〈吳草廬學述〉，《中國學術思想史論叢（六）》，頁 60。

33 （元）吳澄，〈莊子正義序〉，《吳文正集》卷十七，頁 190。

34 （元）吳澄，〈虛舟說〉，《吳文正集》卷六。

　　後，趨利避害之私，則是於義命未能灼然無所惑也。[35]

　　吳澄認爲，即使「修身見於世」，自己不犯任何過錯，卻「旁觀他人之痛苦」，這是楊朱的異端之學，必須加以打倒。一個真正的儒者，即使與聖人所處的時代背景不同，身份地位不同，也有他那個時代、那個身份地位所能做的事情。

　　余英時曾指出，陽明悟道後最重要的決定便是：

> 通過喚醒每一個人的「良知」的方式，來達成「治天下」的目的。這可以說是儒家政治觀念上一個劃時代的轉變，我們不妨稱之爲「覺民行道」，與兩千年來「得君行道」的方向恰恰相反。他的眼光不再投向上面的皇帝和朝廷，而是轉注於下面的社會和平民。[36]

　　從「得君行道」到「覺民行道」，我們可稱之爲「外王的轉向」。這種轉向，不是從用世這個半圓逃到另一個遁世、出世的半圓，而是在用世這個半圓內調整角度再出發。「得君行道」是政治工作，而「覺民行道」是思想工作。吳澄不願從事政治工作，因此他「爲其時之所可爲」、「爲其位之所當爲」地也選擇了思想工作。然而吳澄未如王陽明在各地廣開

35　（元）吳澄，〈與憲僉趙弘道書〉，《吳文正集》卷 11，頁 130。

36　余英時，《宋明理學與政治文化》（臺北：允晨，2004），頁 300。相關討論還可參看余英時，〈從政治生態看宋明兩型理學的異同〉，《中國文化史通釋》（香港：牛津大學出版社，2010），頁 21-42。在此文中，余英時認爲宋代理學家重視「外王」，希冀重建一個合乎「道」的人間秩序。而明代理學家則較重視個人的「內聖」，這是因爲「明初的政治生態切斷了任何『得君行道』的可能性」。順此思路，如以吳澄爲例，或許這樣的轉變在元代已經悄悄地發生了。但筆者要做一個補充，事實上從工夫角度來看，「外王」乃是「內聖」之「流出」，不可判然二分。

辦講會直接地「覺民」。他的「外王的轉向」，一面轉向教育
（如擔任國子司業），另一面就轉向了著述。前述吳澄對書之
爲用的看法，也可說是爲此所作的準備。

吳澄在元成宗大德十一年校定《老子》、《莊子》、《太玄
章句》，其弟子危素對此回憶道：

> 公以老莊二子世之異書，讀者不人人知其本旨，注釋
> 者又多荒唐自誑。公爲之參考訂定，將使智之過高者
> 不至陷溺於其中，凡下者不至妄加疑度於高虛云耳。
> 太玄之書其文艱深，讀之者少，然邵子於其數實有取
> 焉。[37]

吳澄對道家之學有極大的興趣，曾自稱「生平闢老凜如
秋」[38]，卻「夙有山水癖，又喜共方外畸人語」，[39]他的文集
中存在大量的與道士往來的文字，他「闢老」的對象也大都
是道士。可見，他鑽研老莊太玄之學，並非自己的思想與之
契合，而是出於某種不得不然的使命驅使。從危素的回憶可
以看到，吳澄校定這些玄之又玄的「異書」，目的是不讓人陷
溺其中，亦即要使其清晰化、去玄化。

吳澄關於五經的著作也是如此。他在〈四經敘錄〉一文
中，不斷提到希望對學者讀經有所助益，不接受到錯誤的資
訊的意圖。比如他將八卦圖製於《易纂言》之首，是爲了「欲
使學者知易之本原，不至尋流逐末而昧其所自云」，並希望自

37　（元）危素，《吳澄年譜》，《吳文正集》附錄，頁 931。
38　（元）吳澄，〈和答枝江令何朝奉〉，《吳文正集》卷 96，頁 890。
39　（元）吳澄，〈跋玉笥山圖〉，《吳文正集》卷 63，頁 615。

己的著作能夠對「羽翼遺經」不無小補。他又稱讚朱子對詩
經的研究使後世學者能夠「以詩求詩而不爲序說所惑」，最後
期許自己的《春秋纂言》能「使人知聖筆有一定之法，而是
經無不通之例，不至隨文生義以侮聖言」。[40]凡此種種，都是
企圖以著書達到散播思想、「撥亂反正」的目的。這不就是一
種經世的表現嗎？吳澄用世的理想，也因此得到實現。

五、吳澄的著述與陸學精神

　　吳澄這麼勤於著述，是否違背了陸象山精神呢？再者，
吳澄著書是繼承「理學經學」的傳統。被吳澄認可爲「真儒
之明經」的，只有邵雍、周敦頤、張載、二程子、朱子而已，
而朱子的經學更被他譽爲「千載以來所未有」。[41]因此全祖望
在《宋元學案》中才會說：「草廬之著書，則終近乎朱。」福
田殖也認爲：「就吳澄著述的態度，仍接近於朱子。」[42]就客
觀的歷史事實和吳澄的主觀意願（從吳澄列舉的明經之真儒
的名單可看出他的主觀意願）來看，吳澄的《五經纂言》確
實是繼承朱子的未竟工作，這點是無可懷疑的。在治經的具
體方法上，吳澄也繼承了朱子分離傳文、序文與經文，以復
經文之舊的做法。[43]可以肯定，在經典研究上，朱子給吳澄

40　（元）吳澄，〈四經敘錄〉，《吳文正集》卷 1，頁 3-7。
41　方旭東，《尊德性與道問學：吳澄哲學思想研究》（北京：人民出版社，
　　2005），頁 181。
42　福田殖，〈吳澄小論〉，頁 39。
43　方旭東，〈吳澄：蒙元時代的通儒〉，《儒教文化研究》第二輯，2002
　　年，頁 133。

的幫助是絕大的。

　　但以上思路隱含兩個問題：1.陸象山真的無意於著述甚至反對著述嗎？2.即使吳澄繼承了朱子的經學傳統，就不能有象山精神滲入其中嗎？人的思想永遠是有機的、複雜的，不能黑白兩分。象山未必不道問學，正如朱子非不尊德性，吳澄的思想當然也不是硬梆梆的。底下筆者便分述象山之著述及吳澄著述中的象山精神。

（一）象山之著述

　　大概沒有人會懷疑象山不讀書，但象山曾有著述之舉及著述的企圖，則常被忽略。關於此，只需列舉幾條重要的關於象山著述的記載，便可破除象山不著述的迷思。象山〈年譜〉紹興三十二年，二十四歲條載：

　　蒲節後，始精考《周禮》，求程文觀之。[44]

又載其語曰：

　　窮則與山林之士，約六經之旨，使孔孟之言復聞於學
　　者。[45]

〈年譜〉紹興十六年，五十一歲條云：

　　先生始欲著書，嘗言諸儒說《春秋》之謬尤甚於諸經，
　　將先作傳。值得守荊之命而不果。[46]

蓋此可證象山曾對《周禮》下過考證工夫，又曾發下宣

44　〈陸九淵年譜〉，《陸九淵集》，頁 485。
45　〈陸九淵年譜〉，《陸九淵集》，頁 485。
46　〈陸九淵年譜〉，《陸九淵集》，頁 506。

揚六經宗旨之宏願也。同樣是五十一歲那年，象山〈與趙詠道〉書曰：

> 今兄謂諸公傷於著書，而其心反有所蔽，此理甚不精，此言甚不當矣。彼學不至道，其心不能無蔽，故其言支離。彼惟不自知其學不至道，不自以爲蔽，故敢於著書耳。豈可言由其著書而反有所蔽！當言其心有蔽，故其言亦蔽，則可也。[47]

象山弟子認爲著書會使人心蒙蔽，卻遭象山反駁。象山認爲，並不是著書使「心」蒙蔽，而是「學不至道」所致。此證象山絕不反對著書也。

（二）吳澄著述中的象山精神

陸象山不著述，並非無意著述，更非對經典沒有興趣，陸門弟子亦然。事實上，「六經註我」的氣魄，不僅不限制陸門弟子對經典的興趣，反而擴大了他們對經典的思考與想像的空間。以槐堂諸儒爲例，傅子雲曾作〈保社議〉，疑鄭玄注周禮「半是緯語半是莽制，可取者甚少」。象山早期弟子陳剛斷言《易·繫辭》「絕非夫子所作」。另一弟子余廷椿則開創了《周禮》「多官不亡」的新說。[48]徐紀方認爲：「槐堂諸儒學術雖欠高深，但卻不落於舊日經傳傳統的窠臼，敢抒發己見，勇於突破。這是受了陸象山『六經皆我註腳』、『九淵只

47　（宋）陸九淵，〈與趙詠道〉，《陸九淵集》，頁 159。
48　以上轉引自徐紀方，《陸象山弟子研究》（臺北：文津出版社，1990），頁 99-100。

信此心』思想感染的緣故。」[49]

　　陸象山精神感染了槐堂諸儒，也感染了吳草廬。以治《易》爲例，朱子、吳澄治《易》皆注重「象」，但朱子認爲易象在創作之初是可以被理解的，隨年代久遠，許多「象」已經無法考察。對這些無法解釋的「象」，朱子認爲不可以強附會以求通，應就能掌握的辭義去理解即可。但吳澄卻能發現卦爻辭內容之重出現象，而由卦爻辭中找出取象通例解決朱子的問題。[50]吳澄自己說：

　　　　吾於《易》書用功至久，下語尤精，其象例皆自得於心，亦庶乎文王、周公繫辭之意。[51]

　　關於吳澄的易學研究，他的老同學程鉅夫有一相當生動的回憶：

　　　　昔余在集賢，見台州一老儒日以錢布卦觀其象，得之者多親切。吾友吳幼清亦言曾於古祠香爐中取炭爐畫卦於案觀之，此卦通，又滅之，畫他卦，豁然有悟。[52]

　　卦可以錢布之，亦可以炭畫之，研究方法大可生活化而不限於書本。程鉅夫的回憶提供我們吳澄研究易象之最鮮活的例證。朱子所望而卻步的問題，吳澄能夠靠「自得於心」來解決，並自認得到聖人之意，這是典型的陸象山「六經註

49 徐紀方，《陸象山弟子研究》，頁 99。
50 楊自平，〈吳澄《易》學研究—釋象與「象例」〉，《元代經學國際研討會論文集（上）》（臺北：中研院文哲所籌備處，2000），頁 271-274。
51 王新春、呂穎、周玉風，《易纂言導讀》（濟南：齊魯書社，2006），頁 547。
52 （元）程鉅夫，〈書何太虛集易象後〉，《雪樓集》卷 24 （台北：新文豐，1988），頁 31。

我」的精神。固然朱子的文字中也不乏「自得於心」這樣的
語彙，然而筆者要強調的是，這種語彙所體現出來的獨創精
神和突破文獻限制的勇氣，實爲象山一門表現得特別突出，
即使他們的經學研究成果經常爲人詬病。最後一個有趣的例
子，是在吳澄七十一歲那年，有學者成用大來向他請學《易》，
不料他答道：

> 易在我，不在書也。[53]

　　竊以爲，此「我」不單指吳澄之「我」，亦指成用大之
「我」。吳澄之意，是要讓成用大懂得體會自心之「易」，而
非徒向書求、向吳澄求。此番問答，將吳澄受象山影響而欲
在易學上超越文獻、反求於己的企圖心表露無疑。

　　同樣的氣魄，也見於他的《尙書》學。蔡方鹿指出：

> 吳澄既主張發明義理，求聖人之心，又看到了朱子等
> 理學家所依據材料的不實，因而他在發明義理，求聖
> 人之心時，只依據《今文尙書》和儒家真經典的材料，
> 而對僞古文棄之不用，從而超越朱學，棄〈大禹謨〉
> 「十六字心傳」，把求心執中之說建立在真經典的基礎
> 上。這既與在他之前的蔡沈沿襲師說，闡發「十六字
> 心傳」的思想不同，又與在他之後的梅鷟、閻若璩重
> 考證而輕義理的治經路數有別。[54]

　　因此可知，吳澄之大膽放棄宋儒（包括朱子）道統說之

53　方旭東，〈吳澄傳記資料纂證〉，頁380。
54　蔡方鹿，〈吳澄的《尙書》學述要〉，《元代經學國際硏討會論文集
　　（上）》，頁18-19。

重要依據的「十六字心傳」，是經典考據和哲學義理兩種方法雙管齊下的研究成果。其考據過程在此不論，義理的考慮則深堪玩味。他曾這麼解釋「允執厥中」：

> 聖之盛，莫盛於堯、舜，而堯之傳舜，惟「允執厥中」一語，舜復以是傳禹。湯之去堯、舜遠矣，而孟子亦曰：「湯執中。」然則堯、舜之中，禹見之，湯聞之，四聖所執，同一中也。乃文王、周公繫《易》之象，繫《易》之爻，每於卦之二、五，爻之二、五，若獨貴重，然而含蓄不露也。孔子始發其蘊，曰得中，曰以中，而後文王、周公之意粲然可見。文王、周、孔之中，堯、舜、禹、湯之中也。孔子既沒，其孫唯恐其傳之泯絕，特著一書以「中庸」名。孟子而下，知者殆鮮，千數百年之久，周子作《易通》，統論《易》之大旨，以剛柔善惡中五者，別氣秉之殊。……盡其心，所以明此中也，……存其心，所以存此中也。[55]

吳澄提出一個問題，即「湯之去堯、舜遠矣」，照理說不可能得到堯、舜、禹的傳授，而孟子卻說「湯執中」。同樣的情況，也發生在文王、周公、孔子、周子身上。這該怎麼解釋？我們可回想朱陸鵝湖之會前，陸象山與其兄陸復齋的討論。陸復齋詩云：「孩提知愛長知欽，古聖相傳只此心。」象山一閱便說：「詩甚佳，唯第二句微有未安。」後即據之改成：「墟墓興哀宗廟欽，斯人千古不磨心。」[56]這一改，就把

---

55 （元）吳澄，〈解觀伯中字說〉，《吳文正集》卷10，頁122。
56 錢穆，〈朱子與二陸交遊始末〉，《朱子新學案（三）》（臺北：三民書

陸復齋口中如武林秘笈般代代相傳唯恐丟失的「心」，提升爲具有超越意義的精神性實體的「心」。此「心」千古如一，人皆有之、共之，自然不待前人傳授。「象山所謂的心，不論就其稟賦或潛能而言，都是超越時空普遍的心。……他所理解的心缺乏朱熹理解的心所具有歷史與文化的要素。」[57]黃進興一語道破了象山之「心」的內涵。吳澄所謂「堯、舜之中，禹見之，湯聞之，四聖所執，同一中也」、「文王、周、孔之中，堯、舜、禹、湯之中也」即是此義。唯有此「中」不待傳授，「千古不磨」，超越歷史與文化的限制而我自有之，才能解決吳澄提出的問題。又因爲此「中」我自有之，所以吳澄強調「盡心」、「存心」，以明此「中」、存此「中」。此「中」爲人之固有的超越性，具有本體論意涵。朱子的「中和新說」認爲：「以其無過不及，不偏不倚，故謂之『中』。」[58]其「中」則顯然則不具有超越性。這是吳澄打破「十六字心傳」之義理所在，也是吳澄經學受象山心學影響之結果。

　　本節旨在反駁將著述與象山思想對立的一般看法，打破凡著述則爲朱學的粗疏推論。筆者論證象山之曾有著述意圖惜未遂其志，以及吳澄著述中有象山精神的滲透，這並非欲爲大翻案文章。畢竟象山有著述之意而實無著述之功，在當時，朱子當然代表經學研究的最高水準，「新安窮格功」仍然

局，1982），頁 294-295。

57 黃進興，〈「朱陸異同」── 一個哲學詮釋〉，《宋代思想史論》頁437-438。

58 陳來，《朱子哲學研究》，頁 175。

是吳澄著述之最重要基礎。吳澄深知朱陸二家之旨，他必然清楚象山不反對著述，故雖心契象山心學，卻能夠在承繼朱子之經學研究成果與方法後再秉持象山精神發朱子所未發之論，這才是「吳氏五經學」的偉大之處。對於吳澄的經學，武內義雄認為：

> 草廬確信他自身具有的昭昭靈知的本心，而這天分使他完成了充滿獨創性的名著，也使得他治朱子學的同時也與陸學本心說發生了共鳴。[59]

此可謂與筆者不謀而合。

六、鄭玉的「和會朱陸」

在了解吳澄融朱入陸的思想之後，筆者有一個疑問，即這種想法是元代「和會朱陸」思潮的普遍內涵，或者是吳澄個人的匠心獨造？要解答這個問題，最好的辦法就是研究其他具有「朱陸和會」傾向的學者，與吳澄做一個比較，如此才能發現吳澄在元代理學上的與眾不同之處。這個對照組，筆者以為鄭玉是最好的選擇。

鄭玉為陸學嫡傳，但他也主張「和會朱陸」。《宋元學案》中，全祖望就把他與吳澄相提並論：「繼草廬而和會朱、陸之學者，鄭師山也。草廬多右陸，而師山則右朱，斯其所以不同。」[60]現代也有學者繼承全祖望的思路，將吳、鄭二人作

---

59 武內義雄，《中國思想史》（東京：岩波書店，1957），頁281。

60 （清）黃宗羲，《宋元學案》卷94〈師山學案〉，頁3125。

爲元代和會朱陸的主要代表。[61]有趣的是，吳澄爲朱學嫡傳
卻以陸學爲體，而鄭玉譜陸學，卻被全祖望認爲是「右朱」。
可見在朱陸異同問題上，對鄭玉做一個理解，對凸顯吳澄思
想的時代意義是有幫助的。

（一）鄭玉其人

　　鄭玉（1298-1358），字子美，號師山，人稱師山先生，
生於徽州歙縣。他從小就聰敏好學，《宋元學案》說他：「覃
思六經，尤邃於《春秋》。」[62]可見他是很重視經典的研讀的。
鄭玉一生的主要活動就是講學授徒。一些學者替他在家鄉創
辦了師山書院，「學者門人受業者眾，所居至不能容」。[63]他
的文章不事雕刻鍛煉，流傳到京師，受到揭傒斯、歐陽玄等
名家的讚賞。至正十四年，朝廷徵召他擔任翰林待制、奉議
大夫，爲其所拒。[64]但他並不是一個反對元朝的人。至正十
七年，明兵進入徽州，他因爲「吾豈事二姓者耶！」一句話
被囚禁了。最後，他「具衣冠，北面再拜，自縊而卒」。[65]

　　鄭玉的師承完全是陸學一脈。他的老師是朝陽先生吳
暾，另外他又對夏溥、洪震老「資而事之」。吳暾、洪震老是
夏希賢的門生，夏溥是希賢的兒子。夏希賢從學於史彌堅，
彌堅則學於慈湖楊簡。楊簡便是象山弟子中的「甬上四先生」

61　可參見解光宇、朱惠莉，〈鄭玉「和會朱陸」的思想及其影響〉。
62　（清）黃宗羲，《宋元學案》卷94〈師山學案〉，頁3125。
63　（清）黃宗羲，《宋元學案》卷94〈師山學案〉，頁3125。
64　（清）黃宗羲，《宋元學案》卷94〈師山學案〉，頁3125-3126。
65　（清）黃宗羲，《宋元學案》卷94〈師山學案〉，頁3126。

之首了。鄭玉所師之三人皆譜陸學，是以鄭玉可算是陸氏的
嫡傳弟子。[66]

　　鄭玉對《春秋》有獨到的研究，留下一部春秋學專著—
《春秋闕遺》。清四庫館臣指出：「昔程端學作《春秋本義》
等三書，至正中，官爲刊行，而日久論定，人終重玉此書。」
[67]鄭玉之所以重視《春秋》，是因爲他認爲這是一部體現天地
之道、帝王之法，和聖人之用的儒家經典。[68]他在《春秋闕
遺》一書中，著重討論了「王霸論」、「夷夏論」和「篡弒論」。
[69]徐遠和指出此書之特色爲：

> 鄭玉闡發《春秋》「微旨」，一般多就社會和政治問題
> 立論，著重總結歷史經驗教訓，藉以針砭時弊，勸誡
> 後世，表現了歷史感和現實感的統一。[70]

　　鄭玉對此書的關注超過其他著作。他也曾撰有《周易纂
註》一書，但他在被囚禁期間最關心的是《春秋闕遺》的命
運，在去世前以遺囑的方式託付門人出版此書。[71]由此看來，
鄭玉雖然終身不仕，但他在理論上的興趣卻比較偏向儒學之
「外王」一面。而吳澄雖然曾經出仕，但他的論述始終偏向
工夫，亦即「內聖」的領域。可以說鄭玉與吳澄在學術性格
上便有著根本差異。

---

66 解光宇、朱惠莉，〈鄭玉「和會朱陸」的思想及其影響〉，《合肥學院
　　學報（社會科學版）》，第 21 卷第四期，頁 11。
67 《四庫全書總目》卷 28。引自徐遠和，《理學與元代社會》，頁 180。
68 徐遠和，《理學與元代社會》，頁 180。
69 徐遠和，《理學與元代社會》，頁 183-185。
70 徐遠和，《理學與元代社會》，頁 185。
71 徐遠和，《理學與元代社會》，頁 180。

（二）鄭玉的朱陸異同論

關於鄭玉朱陸異同看法的討論，論者已多，且看法大同小異。[72]其中以解光宇、朱惠莉之說較有系統，故筆者先引述其說，再補以筆者從宋元學案中的觀察所得。

首先，鄭玉認為朱陸二先生同植綱常，同扶名教，本源於一流。[73]其次，他認為二人只是為學的方法和途徑的不同而已。[74]而不同的原因則與性情有關：「陸子之高明，故好簡易。朱子之質篤實，故好邃密。各因其質之所近，故所入之途不同。及其至也，仁義道德，豈有所不同者？」[75]鄭玉也看出了，二家傳到最後都不免出現末流。他批判當時學者的門戶之見道：

> 近時學者，未知本領所在，先立異同，宗朱則毀陸，擋陸則非朱。此等皆是學術風俗之壞，殊非好氣象也。[76]

鄭玉與吳澄對時下學者門戶之見的批判是一致的。對於朱陸二家末流之弊，他指出：

> 二家之說，又各不能無弊。陸氏之學，其流弊也，如釋子之談空說妙，工於鹵莽滅裂，而不能盡夫致知之

72　可參考解光宇、朱惠莉，〈鄭玉「和會朱陸」的思想及其影響〉頁 12-13，徐遠和之《理學與元代社會》頁 193-196，以及白百伶的碩士論文《宋元之際的朱陸異同論》頁 97-100。

73　解光宇、朱惠莉，〈鄭玉「和會朱陸」的思想及其影響〉，頁 12。

74　解光宇、朱惠莉，〈鄭玉「和會朱陸」的思想及其影響〉，頁 12。

75　（元）鄭玉，〈送葛子熙之武昌學錄序〉，《師山集》卷 3，頁 25。

76　（清）黃宗羲，《宋元學案》卷 94〈師山學案〉，頁 3127。

功。朱子之學，其流弊也，如俗儒之尋行數墨，至於頹惰委靡，而無以收其力行之效。然豈二先生垂教之罪哉，蓋學者之流弊耳！[77]

又說：

自是以來（指朱熹以後），三尺之童，即談忠恕，目未識丁，亦聞性與天道，一變為口耳之弊。蓋古人之學，是以所到之淺深，為所見之高下，所言皆實事。今人之學，是遊心千里之外，而此身原不離家，所見雖遠，而皆空言。[78]

鄭玉在此並不直接批判朱熹或陸象山，而是指向其門人將師說推向極端，造成無可挽回的局面。陸學末流像佛家之玄談不著邊際，而輕視現實的知識。朱子末流則淹沒在書海之中無法振作、力行。此外，一些自己在生活上沒有實修，沒有體驗的學子，光憑讀書想像便說得許多大道理。在鄭玉來看，這些道理對他們來說只是一種「知識」，與自身性命全無關係。可以看出，他對於二家末流的批評第一是門戶之見，第二是趨向極端，最後是沒有實踐之功。鄭玉與吳澄對這些問題的看法也是基本一致的。

雖然鄭玉有所謂和會朱陸的想法，但卻主張學者應該學朱子之學。因為他認為：

朱子之說，教人為學之常也；陸子之說，才高獨得之

77　（清）黃宗羲，《宋元學案》卷 94〈師山學案〉，頁 3128。
78　（清）黃宗羲，《宋元學案》卷 94〈師山學案〉，頁 3127。

妙也。[79]

　　朱子教人的是適合普羅大眾的，是普通班的工夫，即所謂「為學之常」。而陸子則是他自己天才獨造，並不適合一般人。這點來看，鄭玉與吳澄亦有些相似，但他們的背後所想者絕不相同。

　　吳澄對陸象山絕無批評，鄭玉卻對自己的祖師批評地很厲害。雖然他說陸子才高，但卻又認為「陸子靜高明不及明道，縝密不及晦庵」。[80]如此一來，在鄭玉眼裡，象山倒成了不上不下、不高不低之人了。最後，他批判陸象山的教學方法有問題。他認為陸象山之教：

> 其教盡是略下工夫，而無先後之序，而其所見，又不免有知者過之之失，故以之自修雖有餘，而學之者有弊。學者自當學朱子之學，然亦不必謗象山也。[81]

　　他批評象山的教學法沒有先後順序，盡是「略下工夫」。其意應是象山之教學躐等，不按部就班，只想一躍而上，因此缺乏淺近的入門工夫。不僅教學，鄭玉甚至指出象山之見識在專家眼裡也有瑕疵。因此象山之學只適合自己，絕不適合拿來教人。吳澄認為象山「吸料得純酎」，絕不可能將其置於明道之下。且吳澄雖認為象山學適合才高者，絕不會說象山學只適合象山自己。鄭玉與吳澄對象山的評價實有絕大之差異。

79　（清）黃宗羲，《宋元學案》卷 94〈師山學案〉，頁 3128。
80　（清）黃宗羲，《宋元學案》卷 94〈師山學案〉，頁 3127。
81　（清）黃宗羲，《宋元學案》卷 94〈師山學案〉，頁 3127。

（三）鄭玉的工夫論

鄭玉既然認為象山「略下工夫」，自然在工夫論上接近朱子。從〈師山學案〉來看，鄭玉的工夫可歸納為讀書與實踐，而實踐又以「敬」為主。

前面提及，鄭玉對六經很有研究，尤其是《春秋》之學，又著有《周易纂註》。他在經典研究下的工夫是有目共睹的。因此讀書是他第一項看重的工夫。他曾說：

> 蓋幼而不學，則無以窮天下之理而致其知。[82]

又敘述自己隱居山林讀書的經驗：

> 遊黃山，從祥符主僧。借隙宇，加闢治，兀坐其間，盡取天下之書而讀之，以求聖賢之所謂道。[83]

由此可知，鄭玉讀書有一個「窮天下之理而致其知」的目標，這正是程朱的格物致知之說。為了實踐此一為學目標，他還避居黃山，「盡取天下之書而讀之」。可見他是有意識且認真的把讀書當作一項重要的成聖工夫。

但他早年也曾經犯了疑似朱學末流沈迷句讀之間的毛病。他回憶道：

> 曩歲，懵然日用心於句讀之間，而無有得。其後，優游饜飫，若有所獲。以前所聞者讎之，往往不合，乃知道理在天地間，非真積力久，心融意會，不可恍惚

82　（元）鄭玉，〈養晦山房記〉，《師山集》卷5，頁38。
83　（元）鄭玉，〈養晦山房記〉，《師山集》卷5，頁38。

想像，遽為去取。[84]

鄭玉的這段經驗是很奇怪的。身為陸門正傳，卻沈溺於句讀之間。句讀似乎根本不是陸門之教的重點。根據「不可恍惚想像，遽為去取」一語，可推得他所謂「往日用心句讀之間」，其實便是捧著書本，根據書中文字盡情天馬行空地發揮想像。原來鄭玉自己便曾經犯下他所批評的「三尺之童，即談忠恕，目未識丁，亦聞性與天道」的錯誤，與朱學末流之障於文字訓詁而昧於心性本體屬於不同的性質。當然這絕非陸門「心即理」之教的本意。陸門之「心即理」，是先體證心體，在將此心發用於日常，陸門對實踐之功特別重視。我們似可推測，鄭玉所繼承的陸門，正是他所批判的陸學末流。

鄭玉既然發現實踐的重要，那麼他的實踐心法是什麼呢？那就是程朱提倡的「敬」字。他對學者說：

> 以敬為主，以謹獨為要，則工夫無間斷，而自強不息，雖聖人之純亦不已，皆由此進。[85]

鄭玉在此強調「敬」與「謹獨」，這兩者實可歸為一敬字。因為謹獨不過是在獨處時不忘「敬」罷了。「謹」與「敬」在工夫意義上可以相通。可堪玩味的是「皆由此進」一語。「由此進」表示「敬」為初學工夫，而他批判陸學的理由就是象山缺乏初學工夫。鄭玉的意思，應該是「敬」能補象山教學上之不足。另外，他又對學者說：

> 程子曰：「敬者，聖學之所以成始成終。」秦、漢以來，

84　（清）黃宗羲，《宋元學案》卷 94〈師山學案〉，頁 3126。
85　（清）黃宗羲，《宋元學案》卷 94〈師山學案〉，頁 3127。

非無學者，而曰孟軻死，千載無真儒，何也？不知用
力於此，而溺於訓詁詞章之習，故雖專門名家，而不足
以為學，皓首窮經，而不足以知道，儒者之罪人耳。[86]

　　鄭玉認為，所有溺於詞章的學者，就是不知道「敬」工
夫的重要才無法成為「真儒」。可見他把「敬」與實踐幾乎劃
上等號了。這與吳澄的工夫又迥然有別。吳澄的實踐工夫從
「敬」過渡到「思」，且他會強調「思」對心之本體的意義。
另外，吳澄重視的靜坐體證工夫，似乎也不見於鄭玉的思想
之中。鄭玉的工夫論一面倒向朱子，是沒有疑問的。

　　鄭玉與吳澄雖為元代朱陸和會思潮的兩大支柱，其思想
卻天差地別。事實上，鄭玉本身的學術興趣就不在工夫論的
探討上。鄭玉偏愛經世性格濃厚的春秋之學，吳澄則無此表
現。而吳澄的所謂「朱陸和會」，是以心學為體，朱學為用。
鄭玉的「朱陸和會」，事實上沒有在理論上做什麼建樹，他所
實踐的完全是朱子的思想，只不過對陸子不操苛刻的基於門
戶之見的排斥罷了。

七、小　結

　　吳澄重視博學、著述，使一般學者總會接受全祖望認為
草廬著述終近乎朱的觀點。事實上，博學、著述並非朱學的
專利，陸象山事實上也提倡博學，也曾有著述的念頭，只是
這個想法都被其後學所忽視了，而為吳澄所重新發掘。

86　（清）黃宗羲，《宋元學案》卷 94〈師山學案〉，頁 3128-3129。

　　吳澄的整個思想體系，可以用「陸學爲體，朱學爲用」來概括。此「用」有兩層意涵，其一是「用世」，其二是心體之「發用」。吳澄認爲用世是儒者的終極目的，這是與「異端」最大的差異，既然要用世便必須大量吸收知識。而學者之所以必須著書立說，也是爲了將自己良知上所肯定的正確思想推廣出去，使人人能夠得到正確思想的好處，而不被錯誤的思想所迷惑，其用世的意圖更爲鮮明。吳澄以身作則告訴儒者，即使不能得君行道，在政治領域施展抱負，儒者還是很能有一番作爲的。

　　然而，吸收知識很可能產生一種副作用，即外在知識與自己的生命脫節。針對這個問題，吳澄以陸學的心學體系爲框架，以「心」爲本體與主體，將博學、著述等活動給「工夫」化而納入其中，使人們對客觀知識的汲取不與自己的本心脫節而造成知識疏離化的弊端。換言之，其實以認識而論，一切活動都是心的發用，一切認知對象都能被涵攝入「心」本體之中，因此無所謂主/客體之分，認知與涵養就此合而爲一，共存共榮。用世本身具有修養工夫的內在意義，它是心體之發用，既是發用，也是擴充，對心本體的涵養大有裨益，即所謂「內聖外王的互攝體」。這是他的「反約」學習法。孟子曰：「由仁義行，非行仁義。」若捨棄與「道體」、「心體」（仁義之本體）相通之義，則所謂「治道」將何異於功利主義？

　　吳澄的「窮格之功」與陸學的聯繫，不僅表現在其與心學體系在工夫論上的結合，更表現在他的著作中。吳澄的研

究方法、經典詮釋，在在都表現出陸學特有的不拘泥文本、成說，別出心裁的創意特色。從心本體之發用這個角度來看，可以說吳澄把朱學的文本研究涵攝入陸學體系。但從「文本」的角度看過去，說吳澄融陸入朱可能也不為過。

吳澄的「陸體朱用」思想，透過我們對在元代與吳澄並稱的「和會朱陸」的學者鄭玉的了解，可以發現是相當獨特的。鄭玉雖然被認為是「和會朱陸」，但他的工夫論完全傾向朱學，與吳澄截然不同。

第五章　饒魯學派、臨川陸學及其形成背景

一、元代江西陸學消失了嗎？

　　前四章，筆者討論了吳澄個人的思想演變歷程，即吳澄思想的「內在理路」。但學術的「內在理路」不可能跟「外緣因素」割裂，它會受到時代氛圍，地方風氣的影響。筆者在此章，便是要從「外緣」著手，對吳澄的思想進行分析。

　　朱學在南宋末年得到恢復，在元代定於一尊被列爲官學，大行其道。此一事實往往造成一種錯覺，彷彿曾經盛極一時，在南宋末與朱學相抗衡的陸學已經隨風而逝，灰飛湮滅。即如陳榮捷這樣的大師，都認爲「象山死後陸門逐漸消沈，至元代幾至絕跡」。[1]狄百瑞也認爲陳榮捷的此一論斷「降及十六世紀王陽明的時代爲止都是對的」。[2]然而，思想這種東西與有形之物不同，不像科技產品一旦汰舊換新，被淘汰掉的東西便失去價值。思想是「隨風潛入夜，潤物細無聲」

1　陳榮捷，〈朱門之特色及其意義〉，《朱學論集》（上海：華東師範大學，2007），頁 192。
2　Wm. Theodore de Bary, *The Massage of the Mind in Neo-Confucianism,* （New York: Columbia University, 1989），p72-73.

的。假如一套思想真有其明確的主張和內在的合理性，並且
獨樹一幟，號召了龐大人數的學者去探討它，真的有可能絕
跡嗎？

　　錢穆在一篇論讀書法的文章中提到「憑空推想」之病。
他舉例說道：「我們講文學史，常說唐詩、宋詞、元曲，此話
固是不錯。但諸位不可由此憑空推想謂元代只有曲，更無詩
文名家。這又如因知魏晉人崇老莊，便輕謂他們不講儒家經
學，這就大誤了。」[3]陳榮捷這種想當然爾的元代陸門絕跡說，
正是犯了錢穆所謂「憑空推想」之病。這是把歷史表面化了。
經濟學上有一種「長尾理論」（The Long Tail），它證明了即
使是冷門商品也有潛在的龐大市場。通常我們的目光都被所
謂熱門的東西給吸引了，於是便「憑空推想」所有的人都喜
歡熱門商品，誤以為那些冷門的東西不能吸引任何人。我們
可以說，朱學在元代是熱門的學術思想，而陸學是冷門，但
絕不能說冷門的東西絕跡了。既然朱陸二子如余英時所言是
「人類精神中具有兩種互相衝突的傾向」，是「思想史上的永
久特徵」，哪有這麼容易絕跡的呢？

　　陸學在元代當然沒有絕跡。浙江四明在當時是陸學聖
地，以後世稱之為「甬上四先生」的楊簡、袁燮、舒璘、沈
煥為首的象山弟子，讓陸學在此地得到廣泛的傳播。其中尤
以楊簡慈湖一脈為盛。在當時有「朱學行於天下不行於四明，
陸學行於四明而不行於天下」的說法。

3　錢穆，〈推尋與會通〉，氏著《學籥》（台北：素書樓文教基金會，2000），
　　頁 167。

　　除了四明之外，事實上在江西這個地方也不是只有吳澄一人在挽陸學狂瀾之將傾。陸學與其說衰弱了，不如說它潛伏為一股洶湧的暗潮，繼續發揮它的影響力。以吳澄來說，為何他十九歲時會突然表示對朱陸異同的強烈困惑和焦慮呢？又為何在二十二歲傾向心學呢？筆者認為，他的老師起著決定性的作用。上面我們看到的吳澄對心學的思考，他的討論對象都是「程教」，而這位程教便是當時在地方上很有名的程若庸。程若庸的老師是饒魯，陳榮捷認為元代理學發展有三線——許謙代表的南方金華一線、許衡代表的北方趙復一線，以及吳澄代表的江西饒魯一線。[4]饒魯學派在元代具有相當的代表性，與其他學派相較也別具特色。

　　一般看法都認為吳澄之陸學來自創辦道一書院的程紹開。全祖望云：「草廬出於雙峰，固朱學也，其後亦兼主陸學。蓋草廬又師程氏紹開，程氏嘗築道一書院，思和會兩家。」[5]固然，程紹開朱陸之「道一」的想法必然與吳澄學產生聯繫，但我們對程紹開所知實在不多，筆者無法在此深入分析他的思想。且吳澄極少談及紹開，他對吳澄的影響我們實在不宜高估。再者，吳澄從程紹開在程若庸之後，因此我們不能排除吳澄先從程若庸處認識陸學，才對紹開的和會兩家的主張產生興趣的可能。關於雙峰饒魯之學，筆者必須指出全氏徒見其「朱學」之「名」，而不見其學之「實」。而其學之「實」，

4　陳榮捷，〈元代之朱子學〉，《朱學論集》（上海：華東師範大學，2007），頁199。
5　（清）黃宗羲，《宋元學案》卷92，頁3036。

又必須體及孕育此學派之江西臨川學風。

二、饒魯學派與臨川陸學

（一）饒魯學派

　　在談饒魯學派之前，得對朱子的大弟子黃榦有一定的了解。黃榦是朱子兩個影響力最大的弟子之一，另一位是陳淳。陳淳是攻擊陸學最積極苛刻的，在他眼裡，陸象山「不師孔，不師孟」，是「吾道之賊」。[6]黃榦則不然。根據全祖望的說法，黃榦親炙朱子最久，卻從不操朱陸異同之說。他在世時，其門人也不敢妄議門戶。[7]從思想上看，黃榦強調「尊德性」的重要和「心」的作用，有許多接近陸學的觀點。[8]在宇宙論上，黃榦認爲太極不在陰陽之先，因陰陽而後見，修正了朱子的「理在氣先」思想。[9]孫明章更直指黃榦的思想：「道問學由細而微，尊德性由次而主，偏離了朱學以道問學爲特徵的認識論。這一裂痕由雙峰學派進一步擴大，使其學說滑入陸學的軌道。」[10]這種看法應該是正確的。

6　張佳才，《陳淳與朱子學》〔北京：人民出版社，2004〕，頁 175。

7　（清）黃宗羲，《宋元學案》卷 63，頁 2037。

8　張佳才，《陳淳與朱子學》，頁 176。張佳才在此書中〈陳淳與黃榦思想的比較〉一章中，特別指出陳淳與黃榦對陸學的態度迥異，他認爲黃榦思想較爲博大，而陳淳則爲了護持師說，排斥異己。

9　張佳才，《陳淳與朱子學》，頁 170。當然，對朱子的理氣論存在很多不同的解釋。朱子固然不將「理」、「氣」視作兩種各自獨立的實體，但其「理」相對於「氣」爲「邏輯在先」（非「時間在先」）的晚年定論，顯然將「理」視爲「第一性」。（陳來，《朱子哲學研究》，頁 94-99。）

10　孫明章，〈略論黃榦及其哲學思想〉，《福建論壇（人文社會科學版）》，1985，第一期。

　　黃榦以孟子的「求放心」作爲工夫論宗旨，並且將它置於「敬」之上，視之爲更根本的東西。比如他提到周程之學：

　　孟子求放心之一語所以警學者之意切矣。自秦漢以來，學者所習不曰詞章之富，則曰記問之博也，視古人存心之學爲何事哉？我本朝周、程先生倡明聖學，以繼孟子不傳之緒，故其所以誨門人者尤先於持敬。敬則此心之自存，而所以求放心之要旨也。[11]

　　黃榦認爲，古代聖賢的學問是「存心之學」，而「存心」就是孟子所說的「求放心」。周、程諸理學家提倡的「敬」，也是爲了達到此一目標而存在的工夫，因此「求放心」是工夫的根本目的。此外，他也常以「求放心」教導學者：

　　葉味道來此已留月餘矣，卻得相與讀先生書，乃知吾輩於緊要處工夫絕少。求放心三字，動靜之間更宜百倍加之，功方有倚靠，因此亦粗有省。[12]

他又說：

　　榦近思之，惟以求放心爲本，一動一靜、一寢一食不可離此三字，便有以爲之根本，然後可以讀書玩理也。[13]

又說：

　　朱先生諸書宜勤讀，而所謂求放心者尤宜篤於用功。人生萬善具足，只要在人持守。[14]

11　（宋）黃榦，〈漢陽軍學講義〉，《勉齋集》卷 2，《景印文淵閣四庫全書》，頁 11。
12　（宋）黃榦，〈復甘吉甫〉，《勉齋集》卷 13，頁 12。
13　（宋）黃榦，〈與某某書〉，《勉齋集》卷 14，頁 8。
14　（宋）黃榦，〈與葉雲叟書〉，《勉齋集》卷 18，頁 4。

黃榦認爲「求放心」是最重要的工夫，不論動靜都要注意去實踐它，因爲人心「萬善具足」，只看人們能不能將它守住。黃榦注重「求放心」大於「敬」，可知他認識到「敬」只是「規範性」的學問，而無涉於個人道德主體之自覺。而欲啓發個人道德主體自覺，則須對「主體」（「本體」）有個認識。一個人懂得實踐「敬」，卻不識得「敬」的主體或本體，將流於膚淺僵化的「表面工夫」，更有「有行無解，增長無明」之虞。而「求放心」一語則兼顧了工夫與本體，「有解有行」。且「求」字展顯了個人道德主體之主動性，不同於強制性的「敬」。這是用心學來彌補朱學的缺失，也是對古人「存心之學」更加完善的表述。

　　黃榦傳饒魯，形成陳榮捷所謂的江西饒魯學派。饒魯，字伯輿，一字仲元，號雙峰，餘干人。他從學於黃榦，「專意聖賢之學，以致知力行爲本」。著有《五經講義》、《語孟紀聞》、《春秋節傳》、《學庸纂述》、《太極三圖》、《庸學十二圖》、《西銘圖》、《近思錄註》等書。[15]根據這些記載，饒魯是標準的程朱學者，然而當時卻有饒魯晚年多不同於朱子的說法。曾任信州道一書院山長的胡炳文還因「餘干饒魯之學本出朱熹而說多牴牾」而著書斥之。[16]對此，全祖望認爲「是未足以少雙峰也，獨惜其書之不傳」。[17]全氏認爲饒魯晚年不同於朱子，並不構成貶損他的理由，可見他也並不否認饒魯晚年思

15　（清）黃宗羲，《宋元學案》卷 83，頁 2812。
16　趙弘恩，《江南通志》卷 164，《景印文淵閣四庫全書》，頁 13。
17　（清）黃宗羲，《宋元學案》卷 83，頁 2811。

想不同於朱子的事實。就連吳澄也證實了這種說法,他說:「澄少讀《中庸》,不無一二與朱子異。後觀饒氏伯輿父所見亦然,恨生晚,不獲就質正。」[18]饒魯之不同於朱子,根據侯外廬的說法,就是「夾雜有陸學的東西」。[19]

饒魯之摻雜陸學,從他的弟子亦能窺出端倪。吳中從饒魯遊,「盡得緒論,體認精詳」,後來隱居不仕,在當時頗有名氣。有人曾經問他:「《論語》言心凡幾等?」他回答:「簡在帝心,天地之心也。從心所欲不踰矩,聖人之心也。其心三月不違仁,亞聖大賢之心也。飽食終日,無所用心,眾人之心也。」這番言論讓提問者相當佩服。[20]饒魯還有一位弟子叫羅天酉,開慶進士,以「格非心,去非人」對策。[21]可以看出,饒魯的弟子對「心」此一議題有相當的重視與研究,也喜歡對人提起。由吳中被人問及「心」的問題亦能推知,他研究心學在當時肯定是相當有名的。對心學的重視,或許就是饒魯被認為摻雜陸學而與朱子異的最大原因。

饒魯的弟子中,心學傾向最為明顯也最接近陸學的,莫過於吳澄的老師程若庸。程若庸的學術思想,主要可見於〈斛峰書院講義〉,為《宋元學案》所收錄。在這篇文章當中,程若庸直指朱學末流之弊:

> 程朱子以來,誰不知由小學而進於大學?然少而習

---

18 (元)吳澄,〈《中庸簡明傳》序〉,《吳文正集》卷 20,頁 216。
19 侯外廬等編,《宋明理學史》上卷(北京:人民出版社,1984),頁 731。
20 (清)黃宗羲,《宋元學案》卷 83,頁 2815。
21 (清)黃宗羲,《宋元學案》卷 83,頁 2815。

焉，壯而勉焉，老雖或知之，往往未能盡焉。何也？文靖之言曰：「以身體之，以心驗之。從容默會於幽閒靜一之中，而超然自得於書言象意之表，此讀書之法也。不以此為法而徒於章句訓詁、文墨議論之是尚。則其於主敬也，不過曰有整齊嚴肅而無怠惰縱肆斯可矣；其於窮理也，不過曰有誦讀記問而無疎脫遺忘斯可矣；其於反躬也，不過曰有忠信愿愨而無私偽邪慝斯可矣。嗚呼！是豈知聖賢之學、斯道之全體妙用有不但如是而已者乎！」[22]

　　他說，從程子、朱子以來，人人知道為學由《小學》而入《大學》，但總不能盡得斯道。其流弊，有淪為章句訓詁之學而完全無實踐者；而實踐之士則流於強制性的他律規範，於個人道德主體毫無啟發。他引魏了翁（諡文靖）之言，認為問題出在人們對於聖人之道不以行動來體現它，也不用「心」來驗證它。而用「心」之道，在於保持「幽閒靜一」的狀態，然後「默會」道理。這又透露了些許神秘經驗的味道。若不如此，則所謂「窮理」只是有「解」無「行」的智力遊戲，而「主敬」、「反躬」也不過為有「用」無「體」、有「行」無「解」的表面工夫而已。程若庸不承認這是完全的聖賢之學，它不能極盡「道」的全體大用。這又使筆者不禁想起象山以「敬」為末之論，和黃榦將「敬」改為「求放心」的做法。

---

22 （元）程若庸，〈斛峰書院講義〉，《宋元學案》卷83，頁2818。

　　程若庸接著問：「聖賢之學、斯道之全體妙用，其何以
言之？」他自己解釋道：

> 道為太極，造化之樞紐，萬物統體一太極也。心為太
> 極，品彙之根柢，一物各統體一太極也。萬化之流行，
> 由於元亨利貞之四德者，天地之全體妙用也。有人心
> 之全體，而後天地之全體始於是而立焉。人心之全體
> 少有或虧，則天地之全體不能以自立矣！有人心之妙
> 用，而後天地之妙用始於是而行焉。人心之妙用少有
> 或戾，則天地之妙用不能以自行矣。[23]

又說：

> 此心為此道之統宗會元，渾乎大德之教化，此道為此
> 心之汎應曲當，脈乎小德之川流。[24]

又說：

> 心不外乎此理，理不外乎此心。[25]

程若庸短短數頁的文章，光論「心」就佔了大部份。這些文
字都說明著「心」在涵養上的作用，並且將它提到了相當的
高度，成為人認識天理的必要前提。程若庸認為要認識天理
就必須從「心」下手。而「心不外乎此理，理不外乎此心」
一句，將「理」與「心」重疊，完全取消了「理」的客觀獨
立性。換言之，窮理不能向外，只能向內，只有「心」才是
「理」之所在。更進一步，若庸直指「心」為「渾乎」的「大

23　（元）程若庸，〈斛峰書院講義〉，《宋元學案》卷83，頁2818。
24　（元）程若庸，〈斛峰書院講義〉，《宋元學案》卷83，頁2819。
25　（元）程若庸，〈斛峰書院講義〉，《宋元學案》卷83，頁2820。

德」,「道」反爲「脈乎」的小德。也就是說,「心」實爲「道」之本體,而「道」只是此體的分殊之用。程若庸之強調心體,完全是爲了解決朱學末流流於章句訓詁,以及實踐上「有用無體」的弊端。這種大膽的見解,是否盡同於象山可再研議,卻顯然已經不是朱學所能規範的了。這是否有借朱學之殼而上市己學之意呢?

程若庸的說法甚至可以解決朱子學說內在的問題。以「心爲太極,品彙之根柢」一句而論。朱注〈太極圖說〉首句「無極而太極」曰:「上天之載,無聲無臭。而實造化之樞紐、品彙之根砥也。」[26]朱子繼承傳統氣化的宇宙觀,認爲萬事萬物都是陰陽二氣交互作用而生,並認爲「理」、「氣」不相離,需透過「氣」來認識「理」。[27]但他又不主張「理」等於「氣」。大概地說,朱子認爲「理」是有形象的「氣」之所以然、所由來,它是抽象的,但對「氣」起著主宰作用。即陳來所謂的理是「邏輯在先」。而「太極」是有形象的二氣五行的形而上抽象之「理」的總合。問題是,「理」既然無形象,那豈不與有形有象有「展延」的「氣」的本質截然不同嗎?既然不同,豈不與一氣渾同的世界觀矛盾嗎?如此一來,「理」是否真實存在便成問題了。如果存在,又存在何處呢?程若庸告訴我們,存在於「心」。所謂「抽象」、「形而上」

26　(宋)朱熹,〈太極圖說解〉,收入《周敦頤集》(北京:中華書局,1990),頁4。

27　參閱吳展良,〈朱子世界觀體系的基本特質〉,收入許紀霖、朱政惠等編《史華慈與中國》(長春:吉林出版社,2008)。

的東西，其實都是我們心念造作幻化而成。「理」都是人想像出來的，而不是客觀實存的東西，「理」便是在這個意義上存在於「心」的。所謂「心爲太極，品彙之根柢」，此之謂也。事實上，這根本是借朱子之語，來表達象山「心即理」的概念，也可以說，這是以象山學來修正朱子學。

　　程若庸當爲吳澄心學思想的主要來源，而非程紹開，也不是他的家庭。何以見得？前者來講，吳澄在〈私錄綱領〉中並未提及程紹開，可見程紹開對他的思想影響不大。關於後者，若考慮此一事實，即吳澄之認識程朱之學，並非出自師長的介紹，而是他自己偶然於舊書堆中的發現，可推斷至少在吳澄的家族中，朱子學不是主要的學習內容，甚至根本不受重視。吳澄後來也回憶道：「吾幼時習詩賦，未盡見朱子之書，蓋業進士者不知用力於此也。」[28]以吳澄家庭之重視舉業以及對理學的不重視，豈能對朱陸異同或者象山學說有什麼精湛的看法？吳澄十六歲拜入程門，投入這個從饒魯到程若庸，很明顯表現爲一個即使不是陸學化，也至少是心學化的朱子學派。吳澄十五歲起靠自學就體會到程朱工夫論的心法，造境已然匪淺，又在十六歲接觸到這種心學化的朱子學而發生朱陸異同的焦慮，其思想越來越向「心」內深化而趨近象山，亦屬必然也。

（二）臨川陸學

　　吳澄家在崇仁縣，距臨川不遠，都屬於撫州，他的學習

28　方旭東，〈吳澄傳記資料纂證〉，頁 288。

主要在臨川完成。他的老師程若庸講學的臨汝書院就在臨川
郡城西南門外，而這脈朱子學的心學化，就與臨川學風有很
大的關係。日本學者三浦秀一在對南宋末江西書院學風的研
究中指出：「批判墨守朱熹學問的風氣存在於各地的書院，並
不只限於朱熹的論敵。」[29]又認爲：「當時廣泛存在著一種思
潮，那就是在對朱陸兩學進行折中的表像下，只要爲了實現
聖賢之學，不管什麼樣的內容都值得肯定。這個不僅是吳澄
思想的基礎，也是當時他周圍的思想狀況所認可的。」[30]如
果三浦所言無誤，那麼可以合理地推論，當時江西人並不認
爲朱子學是唯一的通往聖學之道。如果有其他的選擇，當然
首先要考慮陸學了。在這裡，陸學要比我們所知的更爲流行，
而臨川則尤爲突出。

　　臨川學風是怎麼樣的呢？撇開朱學不論，臨川在宋元之
際都是陸學氣氛濃厚之地。從徐紀方的「陸象山弟子生平略
表」可以知道，陸象山可考的弟子共有 82 人，其中江西人佔
了 45 名，而這 45 人中，臨川人便佔了 13 名（含寓居臨川的
鄧約禮），高居江西之冠。[31]其中，寓居臨川的鄧約禮更被陸
象山視爲僅次於傅子淵的高徒。[32]此外，陸象山弟子中多有
兼從朱子者。陳榮捷指出：「江西雖爲陸門之本營，許多學者

---

29 三浦秀一著；楊小江譯，〈學生吳澄與南宋末葉的江西書院〉，《湖南
　　大學學報（社會科學版）》，2007 年，第 21 卷，第 3 期，頁 43。
30 三浦秀一著；楊小江譯，〈學生吳澄與南宋末葉的江西書院〉，頁 42。
31 參見徐紀方，《陸象山弟子研究》（台北：文津，1990），頁 67-72。
32 （宋）陸九淵，《陸九淵集》卷 34，頁 422。原文：「松閒先生：『今
　　之學者爲誰？』先生屈指數之，以傅子淵居其首，鄧文範（約禮）居
　　次，傅季魯、黃元吉又次之。」

游於朱陸之間。然棄陸就朱者不少，棄朱就陸，則未之聞。南宋思想由江西傾福建，而不由福建傾江西也。」[33]但我們從徐紀方的統計可以看出，臨川可考之象山弟子 13 人中，居然沒有一人兼從朱子或從他師，全部從陸而終，這個獨特的現象只發生在臨川一地。因此，陳榮捷之說實仍有商榷的空間。

當然，我們不能據此推論臨川學風是陸學盛於朱學，畢竟朱學在臨川的流傳與影響如何還得另做研究。但是，如果要討論宋元之際江西陸學的發展，臨川恐怕是我們首先要討論的地方。吳澄說：「余每慨臨川金谿之士，口有言輒尊陸子。」或許此言有些誇大，但很能突顯出徐紀方研究的意義，也提供了江西臨川的陸學風氣自象山至吳澄時代一直沒有衰退的明證。由饒魯學派與臨川學風的關係，我們也可以推測，陸學除了在臨川流傳，還使由外地移植過來的朱子學吸收其養分，發生了「心學化」的質變。

宋元之際之後，我們把眼光投向朱學的官學地位更為穩固的明初，也很能有助於了解臨川的學術風氣。方法上，雖然我們的目標是元代，要了解元代的「果」，必須由宋代尋「因」。但反過來想，透過明初的「果」，也能使我們管窺其元代的「因」。因為在元明之間，此地並沒有出現一位「王陽明」讓思想發生翻天巨變，使我們可以假設由宋到明，此地的學術風氣是一體相承的。是以，認識明初臨川學風，對理

---

33 陳榮捷，〈朱門之特色及其意義〉，《朱學論集》，頁 185。

解元代仍然不無幫助。

吳與弼（1391-1469），字子傅，號康齋。撫州崇仁人，與吳澄同鄉。他十九歲開始在金陵從楊文定學讀《伊洛淵源錄》，踏入理學的世界。之後對於修身養性，痛下苦工。[34]康齋的工夫以「思」爲宗旨。在《明儒學案》所收錄的八頁「吳康齋先生語」中，「思」字出現了二十次。[35]這使我們想起孟子、陸象山、吳澄也對這個字非常重視。他「思」的對象包括先儒著作，更重要的則是在生活上所能接觸到的各項事物都能進行思考。他認爲這樣的思考對修養極有幫助：

> 二十日又一逆事排遣不下，心愈不悅。蓋平日但制而不行，未有拔去病根之意。反覆觀之，而後知吾近日之病在於欲得心氣和平，而惡夫外物之逆以害吾中。此非也。心本太虛，七情不可有所放，物之相接，甘辛鹹苦，萬有不齊，而吾惡其逆我者可乎？但當於萬有不齊之中，詳審其理以應之則善矣，於是心中灑然。……蓋制而不行者硬苦，以理處之則順暢。[36]

強硬壓制自己的內心不被外物所擾，康齋爲此感到痛苦不堪。反之以開放的心態，順應外物，詳細思考其中的道理，則心情能夠平和。這是康齋「思」工夫的基本理論。這種從「制」到「思」的轉變，可謂與吳澄由「敬」到「思」如出一轍。康齋所接觸的理學著作以程朱爲主，然而筆者從《明

---

34 （清）黃宗羲，《明儒學案》卷 1〈崇仁學案〉，頁 2。

35 （清）黃宗羲，《明儒學案》卷 1〈崇仁學案〉，頁 4-12。

36 （清）黃宗羲，《明儒學案》卷 1〈崇仁學案〉，頁 6。

儒學案》中幾乎看不到任何他對於形上學的思考，他也未有相關著作。他所談的完全是生活上的修養工夫。從這一點看來，陸學「尊德性」導向的學習在他似已成為潛在的不言自明的前提假設。這又是陸學在此地普及，影響直至明初的一項明證。

除此之外，朱漢民的研究又提到，康齋也相當重視「靜觀」工夫。康齋的《日錄》中常常記載著自己在「途中」、「憩息」、「夜思」、「佇久」、「獨坐」中體會到「意思」、「良心」、「事理」，朱漢民認為這便是「在靜中體悟到吾心即理、天人一體的境界」。[37]筆者以為，在「佇久」、「獨坐」中體悟到「良心」，確實有「心即理」或「天人一體」式的神秘體驗的可能，但其他如「事理」則應只是一般的邏輯性思考。康齋又認為，成聖的依據在於「本心」，認為此心是「克盈宇宙」的「無極之妙」，能夠「妙古今而貫穹壤」。而「吾心」又被他視為「天地生物之心」。[38]陳奇也發現，「心本晶瑩，心本具德的先驗論觀點，決定了吳與弼的修養方法主要的只能是靜中內求」，並且指出他「以一位程朱學者的身份，主要關注的卻是心學問題」。[39]除了他對「本心」一詞的使用之外，從他對「本心」的超越性、超時空的觀點，以及對「心」的內在體悟工夫的重視來看，其受象山心學的影響之大殆無疑義。

---

37 朱漢民，〈吳與弼的教育思想和明代的心學思潮〉，頁 95。

38 朱漢民，〈吳與弼的教育思想和明代的心學思潮〉，頁 95。

39 陳奇，〈明朝前期吳與弼的兼採朱陸之學〉，《貴州師範大學學報（社會科學版）》，2003 年，第 2 期，頁 51。

吳與弼的弟子陳獻章（白沙），是明代在陽明之前的心學大師。白沙之後，就是王陽明的時代了。陳奇指出：「吳與弼的靜中涵養方法，爲他的弟子陳獻章、胡居仁、婁諒所繼承。」並且「通過婁諒及陳獻章的弟子湛若水，影響了王守仁，成爲王守仁心學的源泉之一」。[40]此一論斷，與黃宗羲所說的「微康齋，焉得後時之盛哉？」是相符契的。由此看來，江西以臨川地區爲核心的心學，自象山至陽明，真可謂不絕如縷。陽明只是承襲了這個傳統再加以發揚光大罷了。

三、江西陸學的背景分析

江西臨川的陸學有其形成的背景因素，底下筆者將分爲三部分討論：書院、地方認同意識、宗教神秘氣氛。

（一）江西的書院

書院官學化的問題對理學「爲己之學」的精神是一大打擊。[41]宋代書院運動原本便是理學興起所伴隨發生的。理學家使理學和書院「從形式到內容相互滲透交融，形成一種互爲依託、互爲表裡的結構型態」，「書院是理學的基地，理學爲書院的精神」，「二者盛衰同時，榮辱與共」。[42]但隨著書院的蓬勃發展，它與官方的互動便愈形曖昧。書院之本質雖爲

40　陳奇，〈明朝前期吳與弼的兼採朱陸之學〉，頁 51。

41　關於理學「爲己之學」的意義，可參考狄百瑞之《中國的自由傳統》頁 15-19。

42　鄧洪波，《中國書院史》（上海：東方出版中心，2006），頁 136。

私人講學機構，但創辦人多會要求朝廷賜額或者賜書，因為這是影響書院地位的關鍵。就連朱熹也曾為白鹿洞書院向朝廷提出這樣的要求。[43]另外，「山長」成為正式職官，甚至在南宋後期開始由朝廷派遣，也逐漸侵蝕了它靈活的私學精神。[44]到了元代，忽必烈曾多次頒佈法令保護書院和廟學，後來又將書院等視為官學，書院山長也定為學官。書院不僅在南方繼續發展，還向北方強力推進。[45]書院的官學化，讓其「為己之學」而非「舉業之學」的精神變了質。吳澄在〈嶽麓書院重修記〉中說道：

> 乾道之重興也，蓋惟州縣庠序之教沈迷俗學，而科舉利誘之習蠱惑士心，故俾學者於是焉而講道。是其所願望於來學之人，雖淺深之不侔然皆不為無意也。[46]

吳澄在此對嶽麓書院在南宋乾道年間重修之原因的理解，反映了他對學術庸俗化現象的焦慮。

弔詭的是，或許北方官學化的書院確實有違理學家之原創辦宗旨，但在南方，問題或許不像我們想像的那樣嚴重。就像「九儒十丐」之說後來被蕭啓慶教授證實是被當時士人的危機意識所誇大了一樣。據統計，在元代書院之中，民立書院居然佔了 60%。曹松葉認為從民立書院佔第一位置可以

---

43 陳雯怡，《由官學到書院 —— 從制度與理念的互動看宋代教育的演變》（台北：聯經，2004），頁 162-170。
44 陳雯怡，《由官學到書院 —— 從制度與理念的互動看宋代教育的演變》，頁 171。
45 鄧洪波，《中國書院史》，頁 211。
46 吳澄，〈嶽麓書院重修記〉，《吳文正集》卷 37，頁 392。

看出：「元代雖以蒙古人來做中國的皇帝，但是教育權仍舊歸在漢族讀書人手裡。」又曰：「所以宋儒講學的風氣，還沒有很大的衰退。」[47]不過陳高華認爲：「民辦書院的負責人和教師，也要由政府選派或任命，實際上被納入了地方官學的系統，只是其經費來源由民間提供，負責人和教師的任免需要更多聽取民間有關人士的意見。」[48]如果在制度上民辦書院逃不過官方的統制，那麼書院創辦人的辦學精神便成爲決定書院性質的關鍵。

　　據研究，在元代民立書院之中，宋遺民爲數不少。鄧洪波指出，宋遺民中的大部分人選擇退隱山林，不仕新朝，但他們沒有忘記「爲往聖繼絕學」的志向，因此退避書院講學就成了許多宋遺民的共同選擇。[49]入元不仕，以遺民自居創建書院，講學精舍，在江南已成爲普遍的社會現象。[50]若遺民本身經濟實力不夠，則由門人出資創建書院講學，或者遺民由民間聘任或官府簡任，講學於書院。[51]最後鄧洪波斷言：

> 宋遺民興學，影響了元代的書院政策，而這一政策反
> 過來又促進書院的發展，是謂良性互動。……遺民興
> 學造就了元初書院的獨立性格。不與新政權合作的心
> 態，使得宋遺民創辦的書院有意無意間皆與政府保持

---

47 引自鄧洪波，《中國書院史》，頁 197。鄧洪波統計至小數點後兩位，筆者爲求簡潔將其刪除，後文所引之統計數字亦然。

48 陳高華，〈元代的地方官學〉，氏著《元史研究新論》（上海：上海社會科學院，2005），頁 384。

49 鄧洪波，《中國書院史》，頁 199。

50 鄧洪波，《中國書院史》，頁 201。

51 鄧洪波，《中國書院史》，頁 202。

> 了一定的距離。可以說，書院既是現實世界中的傳道
> 之所，也是遺民在心靈守護故國的聖潔之地。[52]

也就是說，即使在制度上不免被官方收編，但遺民仍能保有其「獨立之精神、自由之思想」，不見得會接受官方意識型態。根據艾爾曼的研究，即便在清代，政府以各種規範限制書院的發展，以防止其再度發揮在明代所展現的力量，但當時流行的考據學風仍能向書院傳播而對官方的程朱理學提出公開挑戰。這使得十八世紀以後江南地區的書院紛紛以漢學取代宋學。[53]清代的例子說明了書院的獨立講學精神事實上從未斷絕。我們雖然不能否認，即使是民立書院，也可能有實施與理學家「爲己之學」精神相違背的舉業之學。然而，江南地區畢竟是曾經廣受理學此一精神浸潤之地，可以合理推測這些「山長」在傳授舉業之餘，對理學的傳播應有一定的貢獻。畢竟，吳澄的老師，臨汝書院的程若庸不正是一個很好的例子嗎？

　　了解元代書院的一般狀況之後，再來關心江西的特殊性。按現今的省區劃分，據統計，元代書院共有 406 所，其中江西佔了 91 所，高出數量最少的廣西 22 倍（4 所），高出平均數 3 倍。且江南地區以江西爲中心，書院的密集區擴大到周邊的浙江、福建、安徽，其數量皆高於省平均數，佔全

---

52 鄧洪波，《中國書院史》，頁 203-204。

53 艾爾曼（Benjamin A. Elman）著、趙剛譯，《從理學到樸學 —— 中華帝國晚期思想與社會變化面面觀》（南京：江蘇人民出版社，1995），頁 84-92。

國 59%。[54]此一範圍大致相當於元代的江西行省。遺民辦學在江西也特別流行。例如 王奕、王介翁父子與斗山書院，張卿弼與門人講學藍山書院。九江黃澤在宋時以明經學道爲志，入元後任景星、東湖書院山長。[55]

江西書院爲數之鉅，以及遺民創辦書院風氣之盛，無疑地引導出一個事實：江西作爲一個私人講學的密集地，其維持書院「爲己之學」的精神，以及與官學抗衡的實力，無疑較其他地方，尤其較北方是更強大的。無論其對手是科舉之學，或者朱學末流。而這也印證了三浦秀一對江西地區「批判墨守朱熹學問的風氣存在於各地的書院，並不只限於朱熹的論敵」的觀察。

（二）士人的地方認同意識

在吳澄時代，撫州臨川陸學的流行有其傳承的、地緣的因素。然而，筆者想要探討的是，在整個宋元時代，江西這個地區究竟是怎樣的思想環境滋養了陸學、孕育了陸學，維持陸學的歷久不衰呢？

首先我們可能會立刻想到的是，南宋以後士人普遍擁有的地域傾向。根據韓明士（Robert Hyms）的研究，南宋的士人相較於北宋，有逐漸地方化的趨勢，他們對於自己身處的地方的認同，逐漸大過對朝廷的認同。[56]陸象山是江西金谿

---

54 鄧洪波，《中國書院史》，頁 191-193。
55 鄧洪波，《中國書院史》，頁 200-201。
56 參見 Robert P. Hymes, Statesmen and Gentlemen: the Elite of Fu-Chou,

縣人，因此江西流行陸學是再自然不過的事情。元武宗至大
元年，吳澄六十歲，他接受朝廷徵召赴京擔任國子監丞。[57]江
西著名學者劉岳申期許他：

> 方今出宰大藩，入為天子左右大臣者，皆世胄焉。以
> 故中州之人，雖有杰然者，不在是任。然則南士愈不
> 敢望矣。使先生以道教胄子，他日出宰大藩與為天子
> 左右大臣者，皆出先生之門，是猶先生以志得而道行
> 也。[58]

劉岳申除了期許吳澄將己道透過學子行於天下外，更有
盼望他為「南士」爭一口氣的意思。而他又希望吳澄到北方
將南方之學發揚光大：

> 臨川王氏以文學行誼顯，過江陸氏以道顯，至於今，
> 不可尚。先生出乎二氏之後，約其同而歸於一，所謂
> 尊德性而道問學者，蓋兼之矣。使先生之學行，豈復
> 有遺憾哉？將天下有無窮之休，而復臨川無窮之聞，
> 以臨川復顯於天下，必將自今始。[59]

從這段話可以發現：1.劉岳申具有很強烈的地方認同意
識，他希望吳澄藉由這個機會，將臨川的學術大行於北方。
2.劉岳申認為王安石的文學和陸九淵的道學才是臨川學術的

Chiang-Hsi in Northern and Southern Sung,（New York: Columbia University, 1986）.

57 方旭東，〈吳澄傳記資料纂證〉，頁 343-344。

58 （元）劉岳申，〈送吳草廬赴國子監丞序〉，《申齋集》卷 1，《景印文淵閣四庫全書》，頁 1。

59 （元）劉岳申，〈送吳草廬赴國子監丞序〉，頁 2。

代表，而非當時流行的朱子學。3.雖然陸學風光已不再，但
地方人士對那昔日風華的記憶是未盡消退的。不論劉氏對此
二氏之學有多少研究，至少可以確定的是，在這份學術認同
背後有很高比例的地方認同的情感成分。可以合理的推斷，
當時江西地區必有一定數量的人懷有這樣的感情。

　　然而，要維繫這份學術上的地方認同意識，除了依靠共
同的歷史記憶之外，有血統可靠的後裔或學術傳人來承擔實
質的推廣工作是更爲重要的。可惜的是，陸九淵家族在元代
已經破敗，沒有社會影響力可言。根據程鉅夫的記載：

> 陸氏居青田，至象山文安公時已十世不異爨，先代復
> 其賦、表其閭。文安公兄弟又以道德師表當世，而青
> 田陸氏聞天下。中更寇燬，星分瓦解，陸氏先祠亦不
> 能屋矣。[60]

又記：

> 青田陸氏，異時名聞江南，義居五世而象山文安公出
> 焉，名遂聞天下。家益蕃幾五百房，又五世而燬於鄰
> 寇火，三日不滅。[61]

陸九淵家族累世義居，至象山之後達於鼎盛，卻在五世之後
毀於盜賊之手，破敗已極。爲此，陸家後人陸如山才有回青
田故里重建先祠的想法。因此，陸家在元代是很難憑藉家族
勢力給陸學推波助瀾的。地域主義有其一定之作用，但絕非
關鍵。筆者認爲，另有一項思想性因素，使得陸學在江西不

60　（元）程鉅夫，〈青田書院記〉，《雪樓集》卷12，頁19。
61　（元）程鉅夫，〈送陸如山歸青田創先祠序〉，《雪樓集》卷14，頁10。

容易衰退，而陸學亦汲取了此因素之某些養分得以成長，與此因素有某程度上的相通處，使得當地士人對於陸學能夠有較真切的理解。筆者以為，此項因素便是江西濃郁的宗教神秘氣氛。

（三）江西的宗教神秘氣氛

　　江西是一宗教氣氛極為濃厚之地。在宋元時期，此地道教盛行，到元代除道教第一名山龍虎山的正一道外，尚有全真道、敬明忠孝道等新道派在此流傳。[62]而其中以龍虎山為最盛，「有元一代的龍虎山天師不僅統領江南道教符籙各派的事務，而且在江南的全真道也受其管轄」[63]。此外，民間更有「華蓋三仙」之地方神祇在江西廣受崇拜，而其發源地華蓋山便坐落在吳澄家鄉崇仁縣之南。[64]吳澄有詩自道：

> 我家紫玄洞天前，仰視天與山相連。羊腸詰曲石犖确，每欲飛上愁攀緣。[65]

---

62 「元一統中國後，隔絕百餘年的南北道教開始交流」，「繼武當山之後，全真道南傳至蘇、浙、閩、贛等地區。在這一情勢下，江西融匯南北宗思想的全真道傳播由此出現一個高潮」。參見陳金鳳，〈宋元明清時期江西全真道發展述論〉，《道教研究》，2007 年第 2 期，頁 39。關於敬明忠孝道，可參見秋月觀瑛著、丁培仁譯，《中國近世道教的形成—敬明道的基礎研究》（北京：中國社會科學出版社，2005）。

63 卿希泰、唐大潮，《道教史》（江蘇：江蘇人民出版社，2006），頁 259。

64 參閱韓明士（Robert Hymes）著、皮慶生譯，《道與庶道：宋代以來的道教、民間信仰和神靈模式》（南京：江蘇人民，2007）。韓明士為撫州專家，此書以撫州為中心，對當地的華蓋山三仙信仰及其反映出的地方特色，與當地士人的地方認同意識，有極精闢的論述。

65 （元）吳澄，〈張道人開華蓋山路〉，《吳文正集》卷 98，頁 906-907。

　　洞天爲道觀之代稱，吳澄也對自己的道教鄰居興致盎然呢。吳澄雖曾發下「生平闢老凜如秋」這等豪語，[66]卻也不掩飾自己「夙有山水癖，又喜共方外畸人語」。[67]他的文集中存在難以計數的與道士往來酬答的文字，其中最引人注意的，莫過於他和龍虎山出身的「玄教大宗師」吳全節的友誼了。[68]

　　除了道教之外，佛教之禪宗在江西亦極盛行。東漢時期，江西便有佛教流傳，此後從未稍歇。從寺院的數量來看，隋唐五代是江西佛教發展的飛躍期。根據許懷林的統計，此時期江西共建寺院 483 所，平均每縣便有 13 所有餘。[69]到了

66　（元）吳澄，〈和答枝江令何朝奉〉，《吳文正集》卷 96，頁 890。

67　（元）吳澄，〈跋玉笥山圖〉，《吳文正集》卷 63，頁 615。

68　「全節字成季，饒州安仁人。年十三學道于龍虎山。至元二十四年至京師，從留孫見世祖。三十一年，成宗至自朔方，召見，賜古珊玉蟠螭環一，敕每歲侍從行幸，所司給廬帳、車馬、衣服、廩餼，著爲令。大德十一年，授玄教嗣師，錫銀印，視二品。至大元年，賜七寶金冠、織金文之服。三年，贈其祖昭文館大學士，封其父司徒、饒國公，母饒國太夫人，名其所居之鄉曰榮祿，里曰具慶。至治元年，留孫卒。二年，制授特進、上卿、玄教大宗師、崇文弘道玄德真人、總攝江淮荊襄等處道教、知集賢院道教事，玉印一、銀印二授之。全節嘗代祀嶽瀆還，成宗問曰：『卿所過郡縣，有善治民者乎？』對曰：『臣過洛陽，太守盧摯平易無爲，而民以安靖。』成宗曰：『吾憶其人。』即日召拜集賢學士。成宗崩，仁宗至自懷孟，有狂士以危言訐翰林學士閻復者，事叵測。全節力爲言于李孟，孟以聞，仁宗意解，復告老而去。當時以爲朝廷得敬大臣體，而不以口語傷賢者，全節蓋有力焉。全節雅好結士大夫，無所不傾其交，長者尤見親而敬，推轂善類，唯恐不盡其力。至於振窮周急，又未嘗以恩怨異其心，當時以爲頗有俠氣云。全節卒，年八十有二，其徒夏文泳嗣。」【《元史・釋老傳》，頁 4528-4529】

69　許懷林，〈十世紀前佛教在江西的傳播〉，《江西師院學報（哲學社會科學版）》，1983 年，第 4 期，頁 3。

宋代，江西佛寺數量已成長到 912 所，其中撫州佔 63 所，在宋代江西 14 個州級行政區中排名第七。[70]以宗派論，宋代江西重要的佛教宗派為禪宗和淨土宗，其中禪宗更在江西發展出「五家七宗」，由此可見至宋代為止江西宗教之盛行。[71]元代佛道受到朝廷支持，其勢更絕無衰退之理。

　　吳澄一家受此宗教神秘氣氛感染亦深。年譜記載他的祖父吳鐸：

　　　　工進士賦，精通天文星曆之學，寬厚不屑細務。[72]

可知其祖父對自然神秘之學有濃厚的興趣，對於繁瑣世務則意興闌珊，他工進士賦或許也只不過出於舉業考量吧。至於吳澄，則曾對一位相士透露自己年輕時的怪癖：

　　　　予少有狂疾，志欲學飛。凡可以飛之術，每究心焉。[73]

後來有人告之以仙家之言，叫他如果要飛，必須「專乎內，遺乎外所資以益吾之身者」，即拋棄凡人的飲食習慣，學習內丹之學，才能使「吾之骨肉血髓銷鑠變化，始如未生之嬰兒，終如太虛之無有，而後倏忽往來飛行於上下四方而無留礙」。對此，吳澄「信其說之然」。[74]

　　關於吳澄出生的記載，也含有許多神秘的成分，反映當地之民俗信仰。危素所著的吳澄年譜記載：

70　劉錫濤、肖開銑，〈淺談江西宋代佛教之流布〉，《井岡山學院學報（哲學社會科學）》，第 29 卷，第 3 期，頁 91。

71　劉錫濤、肖開銑，〈淺談江西宋代佛教之流布〉，頁 90。

72　（元）危素，〈吳澄年譜〉，《吳文正集》附錄，頁 926。

73　（元）吳澄，〈贈一飛相士序〉，《吳文正集》卷 34，頁 366。

74　（元）吳澄，〈贈一飛相士序〉，《吳文正集》卷 34，頁 367。

公生前一夕，鄰媼夢神物蜿蜒降於舍旁之池中。[75]

又記鄉里父老之言曰：

豐城徐覺得望氣之術，見紫氣於華蓋臨川二山之間，謂人曰：「是必有蓋世偉人生焉。」[76]

吳澄長大後與徐覺相遇，徐覺告訴他：「向吾所占偉人，子良是，幸自重。」[77]望氣之術是中國古老的術數文化的一部份，筆者無法判斷其是否爲迷信，但它或許具有一定程度的期使作用，即教育學上的「比馬龍效應」（Pygmalion Effect）。它能使被預言者更有自信，更敢於作爲，當然也就擴大了被預言者所可能成就的限度。

吳澄本人對望氣之學也很感興趣，但他所重視的方面與術者有所差異。他曾對朋友鄧以修談到預言自己將成爲一代偉人的術士徐覺：

豐城徐覺則仁，以祝祕之學自名。澄弱冠時，見其在人家望氣聽聲，往往奇中，而陰察其不中者亦多。澄嘗詰之云：「祝氏不明經世書也。」[78]

祝祕是宋代著名的邵雍學家，著有《觀物篇解》。徐覺打著祝祕之學的招牌到處替人「望氣聽聲」，吳澄卻發現他的預言並非百發百中，因此懷疑祝祕對邵雍《皇極經世》之書根本缺法透徹的了解。吳澄懷疑祝祕之學，卻並非懷疑此術本身。

75　（元）危素，〈吳澄年譜〉，《吳文正集》附錄，頁 926。
76　（元）危素，〈吳澄年譜〉，《吳文正集》附錄，頁 926。
77　（元）危素，〈吳澄年譜〉，《吳文正集》附錄，頁 926。
78　（元）吳澄，〈答鄧以修〉，《吳文正集》卷 11，頁 132-133。

他與徐覺交往日久，有一天徐覺告訴他：「某術蓋有秘訣，實於經世無干。」並且想要傳授給吳澄，吳澄以家貧爲由拒絕了。[79]事實上，吳澄拒絕徐覺的真正理由並非家貧，而是他認爲徐覺之術「其言率是推測揣摩，眾莫不神之，而澄竊不以爲然」。[80]吳澄的不以爲然並非懷疑預知未來（前知）的可能性，而是他認爲徐覺之術並非邵雍之學，而邵學對他來說才是正學：

> 大抵不可錯認邵子爲豫知算數之徒。其能前知，在人不在書也，在心不在數也。故其言曰：「若欲學，須相從山間林下數年，令心中無一事方可。」[81]

吳澄絕非不信神秘的「前知」之術，他相信邵雍學確實能前知，但這種能力並非自己從書本當中推敲揣摩，或者玩弄一些占卜道具就能學會的，必須追隨老師隱居避世，修養心性數年才行。相信修心能獲得「前知」之能，心學工夫再度與神秘學發生了直接的關係。[82]

　　吳澄相信人能練成預知未來的「神通」，似乎更加違背理學家一般給人的「理性」形象。然而其實不只吳澄，朱熹都相信人修煉成仙是真有其事。有人問朱熹有沒有神仙，他

79　（元）吳澄，〈答鄧以修〉，《吳文正集》卷 11，頁 133。

80　（元）吳澄，〈答鄧以修〉，《吳文正集》卷 11，頁 133。

81　（元）吳澄，〈答鄧以修〉，《吳文正集》卷 11，頁 133。

82　王陽明也曾留下修習「導引術」至於「前知」的記錄。其年譜記載明孝宗弘治十五年：「告病歸越，築室陽明洞中，行導引術，久知，遂先知。一日坐洞中，友人王思輿等四人來訪，方出五雲門，先生即命僕迎之，且歷語其來蹟。僕遇諸途，與語良合。眾驚異，以爲得道。」（《王陽明全集》卷 33，頁 1225-1226。）

回答:「誰人說無？誠有此理。是他那工夫大段難做，除非百事棄下，辦得那般工夫，方做得。」[83]可見朱熹對佛道的排斥不是因爲不信，而是不願。

　　吳澄之外，當時江西著名的文學家劉壎也相當樂於記述神秘現象。劉壎信仰陸學，其著作《隱居通議》中，有數篇談論朱陸問題，並以陸爲尊。[84]《四庫提要》論道:「其論理學，以悟爲宗，尊陸九淵爲正，而援引朱子以合之。」[85]這樣一位尊陸九淵爲正的學者，也在其著作中專立一卷談鬼神事，當中有他自己的親身經歷：目睹兩百年前在樹洞中坐化的道士，其肉身依然兀坐樹中不壞。他又記錄了當時三仙信徒曾在南豐軍山參拜三仙祠的歸途中，看見天空中有不明發光體，並於發光體中驚見三仙模樣，然後此發光體又瞬間消失。（幽浮目擊事件？）[86]此外，卷中還記載了各式各樣的鄉野奇談。這種種「怪力亂神」的記載，導致《四庫提要》批評他「鬼神一門尤近于稗官小説」。[87]足見他對此類故事確實愛不釋手。

　　陸學者對宗教、神秘現象感興趣絕非偶然。如果從工夫論的角度來看，或者說就「體驗」而論，在理學諸派中，陸學的宗教性是相對較重的，朱學則甚爲薄弱。關於陸學者對

83　《朱子語類輯略》卷1。引自張榮明,〈宋代哲學「靜 ── 敬 ── 靜」的思想歷程〉,氏著《中國古代氣功與先秦哲學》(臺北:桂冠,1992),頁358。

84　(元)劉壎,《隱居通議》卷1 (臺北:廣文,1971),頁27。

85　(元)劉壎,《隱居通議》,《景印文淵閣四庫全書》,頁19。

86　(元)劉壎,〈鬼神〉,《隱居通議》卷30。

87　(元)劉壎,《隱居通議》,《景印文淵閣四庫全書》,頁20。

神秘經驗的追求及其體驗，筆者於第二章中曾引用陳來等學者的研究加以說明。雖然陳榮捷的〈朱子之宗教實踐〉一文從朱子的告先聖、祈禱、修政、重德以及對禮儀的重視充分論證朱子學的宗教性，[88]然此皆外在之儀式性行為，並非在工夫上欲追求高級的宗教體驗。陸象山的心學被敵對學派指為近禪，即因筆者一再提到的象山學者對靜坐內觀、默識的神秘體驗有超越一般儒者的嚮往，而這種體驗也是禪家所追求的。除了近於禪學，道教中的全真一派也強調「心」。胡其德師即指出：「全真的『三教同源』，實際上就是以『心學』作為共同的淵源。」[89]象山、禪家、全真皆特重「心」，可以說，象山與禪學、道教也是以「心學」作為共同的淵源。由此可見，象山學確實與佛道神秘之學有難分難解的關係。

　　陸象山工夫與佛道相近，是他自己承認的。他認為：

儒者雖至於無聲、無臭、無方、無體，皆主於經世；釋氏雖盡未來際普渡之，皆主於出世。[90]

　　這一段話，頗有替自己心性修煉功夫辯護的意思。察「雖至」一詞的語氣，顯然象山也自知這類體驗確實很有佛道的成分。所謂「無聲、無臭、無方、無體」事實上便是神秘體驗，亦即對心體的默識。這種被朱子學派指斥為禪的體驗，卻被陸象山認為只要「經世」的大目標不變，並不違背儒家

88　陳文收錄於《朱學論集》頁 118-134。
89　胡其德師，《蒙元帝國初期的政教關係》（台北：花木蘭，2009），頁101。
90　（宋）陸九淵，〈與王順伯〉，《陸九淵集》頁 17。

之教。為了「經世」，陸象山指責佛教只關心個人的生死問題，是自私的、為利的，而儒教則關心現世的公眾事務，是大公無私的、為義的。[91]一個儒者應以經世為其職志，這是與佛家根本上的不同。一旦把握了儒教與外教之終極關懷的差異，陸象山便容許了在修行工夫上對釋道二教的攝取。

除了對超越性本體的追求，陸象山在道家內丹之法亦有深功：

> 章仲至云：「先生講論，終日不倦，夜亦不困，若法令者之為也。動是三鼓，學者連日應酬，勞而蚤起，精神欲覺炯然。問曰：『先生何以能然？』先生曰：『家有壬癸神，能供千斛水。』」[92]

象山終日講論，卻能越講越有精神，其精力之旺盛令人稱奇。生徒問他何能如此，他卻以「壬癸神」應之。究竟什麼是「壬癸神」呢？道書《清微元降大法》有記：

> 北方黑炁、水雷，壬癸神君吳衝，字溥元，金甲青袍執水輪，服色同前。[93]

據此可知，「壬癸神」在道教中乃是具有水神性格的神祇。而在民間術數學當中，亦有「北方壬癸水」的理論。那麼「水」跟體力有何關連呢？原來「水」在中醫理論中是「腎」的象徵，而「腎所藏的元陰和元陽是生命的原物質，是一切生命

91　（宋）陸九淵，〈與王順伯〉，《陸九淵集》頁 17。

92　〈陸九淵年譜〉，《陸九淵集》，頁 503。

93　（元）撰者不詳，《清微元降大法》，《正統道藏》（臺北：新文豐，1985）第六冊，頁 731-1。《道藏提要》推測此書為元人所集。【任繼愈主編，《道藏提要》（北京：中國社會科學，1991），頁 160】。

活動的源泉所在，所以中醫把腎稱爲『先天之本』。……腎氣盛則人體生長、發育、強壯，腎氣衰則人體衰老、羸弱，腎氣竭則人體走向死亡」。[94]故《黃帝內經》有「丈夫八歲，腎氣實，髮長齒更。……五八，腎氣衰，髮墮齒槁」之說。[95]因此「腎」便成爲道教內丹修煉中的重點部位。南宋李公明解釋邵雍對「復卦」的理解曰：

> 當斯時也，跏趺大坐，凝神內照，調息綿綿，默而守之，則一氣從虛無中來，杳杳冥冥，無色無形，非子玄冥，坤癸之地，生於腎中，以育元精，日益月強，始之去痾，次之返嬰，積而爲內丹之基本矣。[96]

理學家修煉道教內丹術屢見不鮮，陸象山亦不免爲之。由於長年藉由內丹術修煉人體先天腎氣，象山得以因此常保體力旺盛，講讀不輟。如此看來，在這個佛道盛行的宗教氣氛濃厚之地，流行工夫上接近佛道的陸學，亦屬自然也。

心學家對佛道之學的修習，明末心學家黃宗羲對之毫不隱諱。筆者曾在《黃梨洲文集》中無意間讀到這一段話：

> 二氏之學，程朱闢之未必廓如。而明儒身入其中，軒豁呈露，醫家倒倉之法也。[97]

94　唐雲，《走近中醫 ── 對生命和疾病的全新探索》（台北：積木文化，2004），頁 74-75。

95　楊維傑編，《黃帝內經素問譯解》（台北：台聯國風出版社，1984）〈上古天真論〉篇第一，頁 1。

96　《養生秘錄》，《正統道藏》第 18 冊，總頁 85。引自楊儒賓，〈一陽來復 ──《易經‧復卦》與理學家對先天氣的追求〉，收入《儒學的氣論與工夫論》，頁 82。

97　（清）黃宗羲，〈明儒學案序改本〉，《黃梨洲文集》（北京：中華書局，2009），頁 380-381。

黃宗羲認為明儒在闢佛老的成就上大過程朱，其原因竟然是明儒「身入其中」。因為深入佛老骨髓，盡量避免儒家本位主義的偏見，對佛老的利弊得失之體會才夠真切。黃氏不避諱明儒修佛習老的事實，反而大力讚揚，足見明代心學家與佛老的親近性與陸學和禪宗的親近性如出一轍。

　　胡宏的例子也很值得關注。胡宏是南宋大儒，是道南學脈楊時之弟子，湖湘學派的始祖。他曾撰寫許多心學式的文字。他亟闢佛老，卻也不在本體上強分儒釋：

> 釋氏窺見心體，故言為無不周徧。然未知止於其所，故外倫理而妄行，不足與言孔、孟之道也。[98]
> 釋氏惟明一心，亦可謂要矣，然真孔子所謂好仁不好學者也。[99]

胡宏說佛家窺見「心體」，可見他承認對於心本體的認識，儒釋是不二的。佛家通常講「空性」、「明心見性」，在胡宏來看，那與儒家的「心體」相通。他只在現實世界的面相批判佛家，認為佛家有「體」無「用」。這與陸象山的論點是完全一致的。胡宏散發「異端」氣息的高論不止這一條。他曾對自己的孩子說：

> 此心妙無方，比道大無配。妙處果在我，不用襲前輩。
> 得之眉睫間，直與天地對。混然員且成，萬古不破碎。[100]

98　（宋）胡宏，〈知言〉，《胡宏集》（北京：中華書局，1987），頁22。
99　（宋）胡宏，〈知言〉，《胡宏集》（北京：中華書局，1987），頁22。
100　（宋）胡宏，〈示二子〉，《胡宏集》，頁68。

前半段「此心妙無方……不用襲前輩」，完全與象山改「古聖相傳只此心」為「斯人千古不磨心」是一樣的意思，都強調此「心」與天通同，不假他人的超越性意義。「眉睫間」為道家（教）徒、方術家之慣用語，方外氣息更濃。筆者於中央研究院「漢籍電子文獻資料庫」搜尋關鍵字「眉睫」，發現《正統道藏》中的符合數高達 63 筆，第二多的是《明實錄》中的 14 筆。比如《陰符經三皇玉訣》云：「廣成子曰：『道之遠者在八化之外，近在眉睫之間。』」[101]《紫陽真人悟真篇註釋》云：「悟之者，神仙現在眉睫。迷之者，杳隔塵沙。」[102]「眉睫」常為道家道教人士用來作為道不遠人的象徵，稱此一語彙為道家（教）專業術語亦不為過。與象山有同樣心學式理論的胡宏，毫不避諱使用道家（教）專用語，又不否認佛家對心體的證悟。心學與佛道的密切關係又得一例證。

　　現代學者對儒佛在工夫論與本體論上的異同頗有歧意。楊儒賓以為理學家的「未發工夫」「顯然是從佛老借過來的」。[103]他解釋道：

> 幾乎作為所有東方修煉傳統共法的靜坐法是有殊勝之處，它經由煉氣、煉形、煉心，最後往往可體證某種超越境界。這樣的論述可以說是卑之無甚高論，但它

101　（宋）撰者不詳，《陰符經三皇玉訣》卷下，《正統道藏》第 4 冊，頁 98-2。《道藏提要》推測此書為北宋人所造。（任繼愈主編，《道藏提要》，頁 91）。

102　（宋）翁葆光，《紫陽真人悟真篇註疏》卷上，《正統道藏》第 4 冊，頁 474-1。

103　楊儒賓，〈論「觀喜怒哀樂未發前氣象」〉，頁 40。

的功效確實非常迅速可靠，而且步驟清楚。當理學家
將「復性」視爲生死攸關之大事時，靜坐法很自然地
救被他們採用了。[104]

楊教授認爲作爲工夫的靜坐，與作爲工夫之本質與目的的「體
證某種超越境界」是「東方修煉傳統共法」，顯然是不欲在靜
坐的工夫論與本體論意義上強分儒釋。但侯潔之認爲道南學
脈「靜坐的工夫形式，雖取自禪學，但所反證者乃道德實體，
而非空性，二者本質大相逕庭」。[105]亦即儒佛靜坐在工夫上看
似一致，但其本質，即其所體證的本體是有差異的。究竟儒
佛的靜坐工夫在本體論意義上是否一致？筆者在此想要引用
荒木見悟教授的「本來性」作一說明。荒木說：

包含儒佛兩教複雜而深遠思想的根源，產生「無盡」
的思想、體驗、工夫、作爲哲學的胎盤到底是什麼呢？
在我來看，從「本來成佛」、「本來聖人」等種種不同
的稱謂來看，或許可稱之爲「本來性」吧。儒佛兩教
內部各個宗派、學派彼此雖然對立，但同樣都是根植
於人心，同爲世界的根柢，與「本來之物」顯現的樣
式、理解方法、反省態度息息相關，雖然彼此之間對
於空觀與天命說、幻妄觀與天運循環說、世間與出世
間等等，對人我的世界觀、人性觀的範疇涵藏著重大
的差異，但對於「個人 —— 世界」存在的本質此一問

---

104 楊儒賓，〈論「觀喜怒哀樂未發前氣象」〉，頁 41。
105 侯潔之，《道南學脈觀中工夫研究》，頁 13。

題的認識，彼此之間卻沒有太大出入。[106]

　　既然宋明理學與中國佛學同樣誕生於中國這塊土壤，他們追求的是同一個世界同一個宇宙的「本來性」，那麼對其「本來性」強作異同似乎很難免於「門戶之見」的批判。陸象山、黃宗羲、胡宏的說詞，可以證明楊儒賓和荒木見悟的解釋比較貼近理學家的觀點，說明儒佛二家在「本來性」體驗上的共通性。靜坐的目的無非是藉由收攝心神，啟發人體先天功能，進而逆覺體證宇宙的本體實相。此一實相叫它「空性」也好，什麼體也罷，名詞之爭似不免著於皮相。縱使二家體驗在客觀上真有什麼不同，我們純就上述理學家之主觀認定為同來看，亦足以證明其對佛老之神秘體驗之認同與援用了。

　　江西的宗教神秘氣息感染了儒者，使儒者既對神秘的宗教體驗有所嚮往，卻又不願意墮入「異端」之門，因此兼顧這兩者的陸學便成為這類學者的最佳選擇。宗教神秘氣息孕育了陸學，而陸學也反過來促進士人對宗教神秘之學的興趣，江西遂成為陸學流衍的溫床。

四、小　結

　　元代江西的陸學不僅沒有絕跡，反而以其獨特的方式流傳下去。除了像陳苑學派這種公然提倡陸學者外，最令人感到興趣的莫過於黃榦──饒魯這一學脈所發生的心學化的現象了。黃榦認為求放心是最重要的工夫，不論動靜都要注意

---

106 荒木見悟著、廖肇亨譯，《佛教與儒教》（台北：聯經，2008），頁 5。

去實踐它，因爲人心「萬善具足」，只看人們能不能將它守住。黃榦注重「求放心」大於「敬」，可知他認識到「敬」只是技術面且屬於他律規範的工夫。一個人能「敬」，卻可能不識得「敬」的主體是什麼，若此則不能啓發人之道德主體的能動性。而「求放心」一語，則兼顧了工夫與本體，是對古人「存心之學」更加完善的表述，不會流於表面工夫的呆板嚴肅，這是用心學來彌補朱學缺失的體用兼顧，有行有解之學。

在黃榦之下，「餘干饒魯之學本出朱熹而說多牴牾」。饒魯傳之程若庸，若庸好談「心」比乃師無不及。在程若庸看來，「心」實爲「道」之本體，而「道」只是此體的分殊之用。且他對於章句訓詁之學和「敬」的批判與黃榦完全一致，這種大膽的見解，顯然已經不是朱學所能規範的了。由此看來，吳澄以陸學爲體，朱學爲用，斯亦不可怪矣。

黃榦饒魯學脈的心學化，實與其地方學風有關。陸象山的弟子籍貫臨川者佔了 13/45，高居江西之冠，且皆爲「鐵桿」門徒，沒有跳槽朱子門下的記錄，這個現象只發生在此地。從明初來看，吳與弼、陳獻章等心學大師，亦無不受江西此一心學風氣之影響。種種跡象在在顯示，由象山至元代的饒魯學派、陳苑學派，下及明代之康齋、白沙乃至陽明，這中間的心學傳統從未間斷。以程朱之學自名而內行心學工夫之實，此一做法在這個地方似乎並不罕見。

江西尤其臨川地方的陸學風氣不滅，首先是因爲其書院數量站全國之最，且其由遺民創辦之書院亦爲數甚多。這些遺民頗具有獨立的講學精神，因此它能夠與官學，不論是科

舉之學或者朱學末流相抗衡的實力較其他地區更爲強大。其次要考慮地方認同意識的情感因素。但是因爲陸家在宋元鼎革之際已然破敗，不可能恢復往日風采，因此我們不能高估他們家族在地方的影響力。象山之名，在當地早已成爲象徵地方榮光的歷史記憶。因此，比地方認同意識更爲重要的是江西的宗教神秘氣氛。他提供孕育心學的極佳環境。「心」是儒釋道會通的基點，而強調「本心」的心學，自然更容易與其相通，尤其在神秘體驗的追求上。陸象山、黃宗羲、胡宏都毫不否認自己在工夫上與佛教類似，只要「外王」之大目標不變即符合聖人之教。

種種因素，促使江西臨川地區成爲固守陸學陣地的堅強堡壘，將其學之精神一直流傳到王陽明的時代。

第六章　結　論

　　元代理學的危機，讓吳澄發現陸學的重要價值，而參透了陸學，又讓他對時下學弊所見益深。他認為經學有三類：

> 明經之名一也，而其別有三：心與經融，身與經合，古之聖人如在於今，此真儒之明經也。句分字析，辭達理精，後之學者得稽於古，此經師之明經也。簾窺壁聽，涉躐剽掠，以澤言語，以釣聲利而止，此時流之明經也。[1]

吳澄認為，「時流之明經」是最下等的經學，他不但沒有自己的實際體悟，更沒有堅實的考據工夫，它所有的只是浮光掠影，為的是沽名釣譽。這種經學只是一種為利之學。很遺憾的，既然被稱為「時流」，那自然是最多人從事的「主流」了；再上一等的，是「經師之明經」。這種經學從事文本分析，有其工夫，但缺點是他把經作為一研究之客體，經的深刻意義對研究者來說是疏離的，沒有感情的，是以未臻上等。可以想像，吳澄心中的「經師之明經」當包含北方的漢唐經學以及朱學末流；最高等的經學，是「真儒之明經」。這種經學，

1　（元）吳澄，〈明經書院記〉，《吳文正集》卷 37，頁 394。

有儒者實修工夫的體會蘊含其中，既能將經典作為客觀知識來研究，又能透過實際體會，與經典合而為一。研究者讀到經典中的文句，回想自己的體驗，往往能夠心領神會，與古人遙相契合，因此經典知識對「真儒」來說是很親切的，毫無疏離之感。「身與經融，心與經合」，其實就是陸象山所說的「六經註我，我註六經」。

　　吳澄對象山心學的信仰，與他的生長環境大有關係。江西書院的數量遠遠超過其他地區，而其中由遺民創辦者又為數不少。這些遺民受過理學的薰陶，具有相當的自由獨立的精神。因此江西擁有更大的實力與科舉之學或者朱學末流抗衡。其次，宋朝士人地方化的文化現象，使得士人對地方認同大過於中央朝廷的認同，因此象徵江西這個地方的王安石與陸象山，就成為具有強烈地方認同意識的士人的緬懷對象。劉岳申對吳澄的期許充分證明了這一點。除此之外，更重要的還是江西向來是一個宗教興盛，神秘氣氛濃厚之地，因此能夠孕育出喜愛追求神秘體驗的陸學，更是因此陸學在這個地方難以消滅。吳澄的受業師程若庸雖然是朱子學三代傳人，但他受陸學薰染甚深，對「心」的議題特別關注，散發出不同於朱學的味道。順著傳承系譜往上追溯，饒魯甚至親炙朱子的黃榦也摻了陸學的思想。此外，陳苑的靜明學派也作為陸學的一支在江西風行著。吳澄自小便能同時吸收作為學術主流的朱子學，和作為地方思想暗流的陸學，奠定他將來融合兩家，甚至是以陸學為體，朱學為用的基礎。

　　除了環境，吳澄的修養工夫對他的思想更有決定性的影

響。其工夫除了經典閱讀之外，在日常生活上也完全照前賢的教誨去實踐。他一開始以「勤」、「謹」為座右銘，在任何事上都戰戰兢兢不敢懈怠。後來他又發現，程朱的「敬」字足以概括「勤」、「謹」，是更高層次修養的要訣。最後再由「敬」發展到「思」，因為透過思考，人心能自然達到「敬」的狀態，並且能夠應接外物，是有體有用的方法。「思」即林繼平教授所謂的「即物工夫」，極為孟子、象山所重視。吳澄由「敬」到「思」，這中間的轉折便是陸學帶給他的。

　　吳澄曾修習以靜坐為方法的內觀工夫，類似佛家禪定之法。這種工夫是儒家從佛老處借來的。自周敦頤、邵雍到二程，降及道南學脈之所謂「觀喜怒哀樂未發之中」或者「觀喜怒哀樂未發前氣象」，理學家無有不習之者。黃宗羲認為：「羅豫章靜坐看未發氣象，此是明道以來，下及延平，一條血路也。」這種工夫又被稱為「道南指訣」。而陸象山自己也承認，只要終極目標是經世，就算工夫修到「無聲、無臭、無方、無體」也不是問題。可能正是這樣的工夫，使吳澄在二十歲時的一場夢境中獲得神秘體驗。在夢中，作為其「心」之化身的「天君」讓他體會到「心」的廣大無邊（心即天、「吾心即天理」、心體通道體、人心通天地知心）的特性，並且告訴他要以「心」為師。這一切都與象山心學之教不謀而合。所謂「萬物皆備于我」，如果能向內心求索則「無不可知者」，不正是要人以心為師嗎？此一天啟式的夢境可說是吳澄一生當中最重大的事件，對他的思想發生決定性的影響，使他此後對象山心學產生堅定的信念。

　　對心學的信仰，並未使吳澄貶抑朱子學。身爲一名儒者，吳澄認識到不能只求自己開悟，還必須有用於社會，此一信念彷彿一道緊箍咒一樣綁在身爲儒者的吳澄的頭上。陸九淵也以「爲義」而「經世」/「爲利」而「出世」來判別儒佛。爲了經世，書本知識就不能拋棄了，因爲人世間的事情太過複雜，不是隨便得到什麼體驗就能一通百通的。「臨安修省處，新安窮格功」，朱子所強調的格物窮理工夫也成了必要。問題是，讀書求知識又容易墮入辭章記誦，或者功利主義的窠臼中，與生命本身脫節。有鑑於此，吳澄將讀書求知識的各種活動給「工夫化」，將它納入陸學心體的規範中。即將人的思考視爲「心」的發用，隨著智慧的提高，知識的增加，心體也不斷擴大，即體即用更加靈活自在。「心」能夠由「體」而發爲「用」，又能透過「用」來涵養灌溉此「體」，如此體用不離，涵養、求知、用世合爲一互攝體。一言以蔽之，一切都是心體的作用。「尊德性以極衡平之體，道問學以括權變之用」，此「用」包含心體之用與用世之用，這是吳澄最終的解答。而將朱子的格物窮理工夫納入陸象山的心體系中，以陸學爲體，以朱學爲用，便是吳澄調和兩家的最高傑作。

　　吳澄明白儒者有一不可推卸的外王職責，但政治現實又使他難以得君行道。他明白教育事業是他最能發揮影養力的領域，但卻因爲政敵假陸學爲異端之名行排斥南人之實而離職。一個儒者，無論在何時何地，總有他可以發揮力量的地方。吳澄在中央教育機構的的挫折，並沒有摧毀他抱持的信

念。余英時認爲王陽明在龍場大悟之後將外王面向的「得君行道」事業轉向「覺民行道」，而吳澄則是將自己的心力投入著述這樣的思想工作。他將五經做了徹底的研究，並旁及《老子》、《莊子》、《太玄》、《葬經》，試圖還原經典的原貌及闡述其真意。他在著述之中大量參考了當時被視爲經典詮釋權威的朱熹的著作，但是在其中又摻入許多象山心學的觀點。比如對《書經》十六字心傳的解釋，他偏向陸象山那種將「心」視爲無古無今之超越性本體，而非朱子所見的那樣代代相傳的客觀知識。他非常重視個人「心」的體會而不拘泥於書本章句，這一點與象山後學的做法類似，但他也盡量避免流於空想。如果說吳澄重視文字著作的力量類似朱子，但他在其中引入心學的看法又使他細看下更偏向陸象山的路數。

　　雖然吳澄以陸學爲體，朱學爲用，但他在與人的對話中，或者在教學當中，甚少提及陸學。這是首先因爲陸學在當時並非主流，若是碰到抱持門戶之見的學者，對他談陸學只是話不投機，自找麻煩，吳澄的經驗讓他明白這一點。當時朱學已經因爲許衡在國子監留下的影響力而成爲官方儒學正統，陸學被目爲異端。他自己便曾因爲在國子學替陸學辯護而予人話柄，最後被迫離職。當然筆者推測此中內幕應爲北人藉學術異同之名行排斥南人之實。[2]再者，陸學過於「簡易」，相當依賴個人的悟性，不是任何人都能夠「直指本心」、「一超直入如來地」（《永嘉證道歌》）。最後，吳澄認爲，陸

---

2 關於北人對南人的歧視，可參考陳得芝，〈論宋元之際江南士人的思想和政治動向〉，氏著《蒙元史研究叢稿》（北京：人民，2005），頁583。

學是必須身體力行才能明白的學問，不是光讀書談話就夠
了。有些體驗，並不是能夠用言語來將它「客觀」地證明。
然而，吳澄並未因此卸下替陸學平反的責任。我們從他與後
輩學者的談話中可以看到，他非常樂於分享自己對陸學的看
法給那些才性適合的人。「懷哉二前聞，吸料得醇酎。身操冬
雪明，心由秋月殼。運轉八紘鈞，繼纘百聖胄。」吳澄始終
沒有放棄對象山心學的信仰，在到歸道山前一年，他在家鄉
透過詩文向陸象山與王安石兩位鄉先賢致上最崇高的敬意。

　　吳澄以陸學爲體，朱學爲用的思想，在元代是獨一無二
的。因爲就連與他被並推爲元代「朱陸和會」思潮代表的鄭
玉，都是以朱學爲主。鄭玉雖然是陸門嫡傳，但他的工夫與
思想完全倒向朱學。鄭玉對於象山，充其量不過是一種「諒
解」的心態，反對無理取鬧的門戶之見。對於陸象山他充滿
批評，認爲他的教學躐等，不適合教人。凡此種種，都證明
在「和會朱陸」思潮之內，充滿了各種不同的見解。因此，
我們可以說吳澄在理學史上的定位有二：1.以陸學爲體、朱
學爲用，將修養與學術、「內聖」與「外王」融爲一互相涵攝
的整體。2.此種思想，使他在南宋象山心學與明代陽明心學
之間搭起一座橋樑，接起這兩座中國思想史上的心學高峰，
發揮承上啓下的作用。

　　北宋程顥（大程子）說，有「有得之言」與「造道之言」：

> 言有兩端，有有得之言，有造道之言。有得之言，說
> 自己事，如聖人言聖人事也。造道之言，則智足以如

　　　此，如賢人說聖人事也。[3]

錢穆認為：「明道於《西銘》，雖許其識，而謂與『有德之言』猶有間」。[4]總之，明道批評張載的西銘寫的雖好，卻只是造道之言，非其切身體會，因為他不是聖人。什麼叫有得之言？那就是說，某個道理，是我修行日久，力到功深之後的「體會」。我是真真實實地感覺到那個東西，此為有得之言。所謂造道之言，即是這個道理，是我想像出來的，用現代話來說，就是用邏輯推理「建構」出來的，我認為「理當」如此，但我自己並沒有切身經歷。小程子批評王安石的學問只是「對塔說相輪」，而自己是「親入塔中，直造相輪」，就是說，王荊公的東西只是造道之言，而自己是有得之言。吳澄的「陸學為體，朱學為用」，便是要將世人的「造道之言」都能內化為「有德之言」的一種方案。筆者以為，當前人類面臨一項重大的智識上的挑戰，那便是主觀/客觀、經驗（或體驗）/理論（或邏輯）、實踐/知識、身體/心智如何統合的問題。也是客觀知識與自家性命如何主客交融的問題。如果這種「人類精神中具有兩種互相衝突的傾向」能夠得到解決，毫無疑問地，將為人類文明帶來空前的躍進。吳澄對朱陸之爭的解決方案，似乎能給我們一些啟示。

　　本文從吳澄的朱陸傾向，以工夫為核心看他的理學思想，雖然小有所得，卻不免有些未盡之處。而這些未盡之處，對研究吳澄或者元代心學都是不可忽視的課題。首先是吳澄

3　（清）黃宗羲，《宋元學案》卷 18，頁 771
4　錢穆，《國學概論》（台北：台灣商務，1995），頁 206。

思想中的道家成分，吳澄思想中的邵雍成分，這些都佔有吳
澄思想的一定比重。其次，吳澄與元代四明陸門的交流也是
我們研究元代心學流衍所面臨的重要課題。最後，則是吳澄
對當代如虞集、趙汸等，後代如王陽明的影響之深度與廣度
爲何？這些問題，有待來者究竟其功。

附錄一：

吳澄思想輯要編年*

年　代	年　齡	思想事件
宋理宗淳佑九年 （1249）	一歲	吳澄生於撫州崇仁縣。
宋理宗淳佑十一年 （1251）	三歲	大父每讀古詩，抱置膝上教之，隨口成誦漸至數百篇。
宋理宗寶祐三年 （1255）	七歲	五經、《語》、《孟》皆能默誦。能屬詩，通進士賦。
宋理宗寶祐六年 （1258）	十歲	偶得朱子學庸章句，讀之甚喜，恍然知爲學之道。自是日誦《大學》二十遍，如是者三年。《語》、《孟》、《中庸》亦晝誦夜思。
宋理宗景定四年 （1263）	十五歲	厭科舉之業，致力於聖賢之學。因作〈勤〉、〈謹〉二箴，〈敬〉、〈和〉二銘。把握朱學持敬工夫之奧。
宋理宗景定五年 （1264）	十六歲	侍大父赴郡鄉試，謁臨汝書院山長程若庸，自是每至郡城，必留臨汝。
宋度宗咸淳二年 （1267）	十八歲	作〈理一箴〉、〈自警二首〉。其中〈自警二首〉透露出靜坐的意思。
宋度宗咸淳三年 （1268），歲丁卯	十九歲	入臨汝書院受業於程若庸。作〈道統圖并序〉立志繼承朱子道統，並於同年表達對朱陸不同道之焦慮。
宋度宗咸淳四年 （1268），歲戊辰	二十歲	發生神祕經驗，體會「吾心即天」，作〈紀夢〉。
宋度宗咸淳六年 （1270）	二十二歲	中撫州鄉試第二十八名，後與人暢談「心」與「思」之哲理。

---

* 本表主要根據方旭東的〈吳澄傳記資料纂證〉和袁冀《元吳草廬評述》
　（台北：文史哲，1978）第二章〈行事編年〉，佐以本論文之研究成果
　輯成。本表將只記錄吳澄思想歷程中具有代表性的事件，而不重複詳
　陳其生平事蹟。

宋度宗咸淳七年 （1271）	二十三歲	纂次舊作，題曰《私錄》。
元世祖至元十八年 （1281）	三十三歲	留布水谷，纂次諸經，注釋《孝經章句》成。
元世祖至元十九年 （1282）	三十四歲	留布水谷。校《易》、《書》、《詩》、《春秋》，修正《儀禮》、《小戴大戴記》成。
元世祖至元二十四年 （1287）	三十九歲	自京南還，舟中作〈感興詩〉二十五首，有云：「臨川捷徑途，新安循堂序。本得近定慧，末失墮訓詁。」又曰：新安窮格功，臨川修省處。三人有我師，況此眾父父。」
元成宗元貞元年 （1295）	四十七歲	遊豫章，留郡學，有所問答，爲人錄成〈原理〉一文。又說「修己以敬」一章，反覆萬餘言，聽者千百人。
元成宗大德九年 （1305）	五十七歲	校定邵子《皇極經世》、郭璞《葬書》。嘗曰：「邵子著書，一本於易。……其能前知，在人不在書，在心不在數也。」
元成宗大德十年 （1306）	五十八歲	參政戎公益言東南士習凋弊，答約：「必欲作成人材，在於教人言忠信，行篤敬，以尊德行而已。」
元成宗大德十一年 （1307）	五十九歲	留清都觀，與門人論《老》、《莊》、《太玄》本旨，而校定之。
元武宗至大元年 （1308）	六十歲	除國子監丞。
元武宗至大四年 （1311）	六十三歲	除國子司業。採程頤之學校奏疏、胡瑗之大學教法及朱熹之學校貢舉私議，約爲「四條教法」：經學、行實、文藝、治事。惜因同列異議，未克實施。
元仁宗皇慶元年 （1312）	六十四歲	以疾謝歸，還家。蓋吳澄之去職實因有志難伸。除了「四條教法」不能遂行，還因其嘗語學者曰：「朱子於道問學之功居多，而陸子靜以尊德性爲主。問學不本於德性，則其敝必偏於言語訓釋之末，故學必以德性爲本，庶幾得之。」議者遂以吳澄爲陸氏學，非許衡尊信朱子本意。同年，吳澄在《《中庸簡明傳》序》中透露對朱註之不滿：「程子數數爲學者言，其言微妙深切，蓋真得其傳於千載之下者，

		非推尋測度於文字間也。……朱子因之著《章句》、《或問》，擇之精、語之詳矣。唯精也，精之又精，鄰於巧；唯詳也，詳之又詳，流於多。其渾然者，巧則裂；其粲然者，多則惑。……澄少讀《中庸》，不無一二與朱子異，後觀饒氏伯輿父所見已然，恨生晚不獲就質正。」
元仁宗延祐三年（1316）	六十八歲	隱居宜黃五峰僧舍，修《易纂言》。弟子虞集在其《行狀》中說：「其於《易》，學之五十餘年。其大旨宗乎周（敦頤），而義理則本諸程傳（《伊川易傳》）。其校定，用東萊呂氏之本而修正其缺衍謬誤。其纂言，則纂古人今人之言有合於己之所自得者。大概因朱子象占之說而益廣其精微。若項安世《玩辭》等說，則因之益致其潔靜。」
元仁宗延祐五年（1318）	七十歲	至建康，《書纂言》成。虞集在《行狀》中稱之：「以伏生所傳自為一卷，不以所謂古文者雜之。」
元仁宗延祐六年（1319）	七十一歲	於建康，答成用大請學《易》，曰：「易在我，不在書也。」
元英宗至治二年（1322）	七十四歲	《易纂言》成。
元泰定帝元年（1324）	七十六歲	〈贈一飛相士〉：「予少有狂疾，志欲學飛，凡可以飛之術，每究心焉……。」
元泰定帝致和元年（1328）	八十歲	《春秋纂言》成。三答田澤問《易》。五月，有〈贈術者自言能通皇極經世訣〉詩，讚邵雍學通天人，非術家可比。
元文宗天曆二年（1329）	八十一歲	《易纂言外翼》成。
元文宗至順三年（1332）	八十四歲	《禮記纂言》成。嘗道出王荊公祠，嘆其頹圮，總管府達魯花赤塔不台聞之，即命繕新之。十一月，郡守請觀新建譙樓，乃賦詩一章，懷陸象山、王荊公以示學者。有〈故臨川逸士於君玉汝甫妻張氏墓誌銘〉感嘆陸學無傳。
元文宗至順四年（1333）	八十五歲	六月，感疾不愈，召學者曾仁曰：「生死常事，可須使吾子孫知之。」拱手胸前，正臥不動者數日。乙酉，揮藥不進，漱水畢，瞑目不語。丙戌薨。卒時，神思泰然而逝。」

附錄二：

滴血認親

—— 從吳澄與道士的交往看他的「闢老」策略

一、前言 —— 「辯異端」

辨異端是儒家悠久的傳統，由孟子闢楊墨首開風氣。當然，以道統繼承人自居的宋明理學家對此也當仁不讓、義無反顧。在宋代，佛家、道家被宋明理學家視為兩大異端。朱熹說：「蓋君子之學雖已至，然異端之辨尤不可以不明。苟於此有毫釐之未辨，則貽害於人心者甚矣。」[1]又引明道的話說：「佛老之害，甚於楊墨。」[2]吳澄（1249-1333）是元代理學的大宗師，他師承朱子後學程若庸，畢生以繼承道統自命。[3]

---

1 朱熹，《近思錄》（台北：商務印書館，1996），頁 315。朱子這句話有深意。它包含兩個意義：1. 為自己以及前輩理學家如二程、張載等曾「出入釋老」者辯誣。他說明了我們不是相信異端，為異端所惑，而是為了「辨異端」才接觸異端。2. 他也以此期勉後學，在完成「君子之學」以後，為了符合格物致知的理論，學問不能喊停，即使是異端仍然要去鑽研，為的是「知己知彼」，了解異端才能「辨異端」。可以說，朱子在此簽了一張許可證，使後學能夠放心地踏上「出入釋老」然後「辨異端」的這條路，以免限縮眼界。

2 朱熹，《近思錄》，頁 315。

3 吳澄嘗曰：「道之大原出於天，神聖繼之，堯舜而上，道之元也；堯舜而下道之亨也，洙泗魯鄒，其利也；濂洛關閩，其貞也。……近古之

他去世以後，人們將他與元代另一儒宗許衡並稱南北。[4]吳澄的儒學如此純正，對「異端」的態度不能馬虎。

　　元代江西地區道教盛行，除道教第一名山龍虎山的正一道外，尚有全真道、敬明忠孝道等新道派在此流傳。[5]其中以龍虎山爲最盛，「有元一代的龍虎山天師不僅統領江南道教符籙各派的事務，而且在江南的全真道也受其管轄」[6]。吳澄自稱「生平闢老凜如秋」[7]，卻「夙有山水癖，又喜共方外畸人語」，[8]他的文集中存在大量的與道士往來的文字，他「闢老」的對象大都是道士。這引發了筆者在本文想要探討的兩個問題：1.他用什麼方法對道士「闢老」2.他爲什麼要親近道士？筆者將指出，吳澄的「闢老」好像「滴血認親」：認親道士、認親道家。他用「循實責名」的手段來「驗血」，即依據道士德行的「實」、道家歷史原貌的「實」來檢核其「名」，驗出他們的儒家血液，要他們「認祖歸宗」。他願意親近道士

統：周子其元也，程張其亨也，朱子其利也，孰爲今日之貞乎？」黃宗羲，《宋元學案》卷九十二，（北京：中華書局，2007），頁3037。

4 元代揭傒斯奉撰的神道碑說：「皇元受命，天降真儒，北有許衡，南有吳澄。所以恢宏至道，潤色鴻業，有以知斯文爲喪，景運方興也。」吳澄，《吳文正集》附錄，《景印文淵閣四庫全書》集部136，頁949。

5 「元一統中國後，隔絕百餘年的南北道教開始交流」，「繼武當山之後，全真道南傳至蘇、浙、閩、贛等地區。在這一情勢下，江西融匯南北宗思想的全真道傳播由此出現一個高潮」。參見陳金鳳，〈宋元明清時期江西全真道發展述論〉，《道教研究》，2007年第2期，頁39。關於敬明忠孝道，可參見秋月觀瑛著、丁培仁譯，《中國近世道教的形成—敬明道的基礎研究》（北京：中國社會科學出版社，2005）。

6 卿希泰、唐大潮，《道教史》（江蘇：江蘇人民出版社，2006），頁259。

7 吳澄，〈和答枝江令何朝奉〉，《吳文正集》卷九十六，頁890。

8 吳澄，〈跋玉笥山圖〉，《吳文正集》卷六十三，頁615。

則是因爲道士比儒士還具有德行。本文所談的道家，包括道士及道士以外的道家信徒。

二、認親記 ── 對道士「闢老」

　　我們稍微回顧一下程朱理學傳統上對老莊思想的看法。關於此，朱熹《近思錄》中的〈辨異端〉一篇很能具體而微的展現。此篇主要是二程、張載的語錄，但經過朱熹的揀選，亦足以反映朱熹的觀點。〈辨異端〉此篇有關道家的評論有三點特色：（一）肯定佛老的「極高明」，力闢其不能「道中庸」。朱熹將佛老並舉時，批評他們「把人倫物理滅跡掃盡」、「虛誇詭譎」、「險巧傾浮」，又引明道語說他們「其言近理，又非楊墨之比，此所以危害尤甚」。[9]單舉「老氏」時，朱熹說：「老氏只以虛無爲道德，而不從日用所當行處體察其所以然，則言心性適害心性，言道德適害道德。昔之惑人也乘其迷暗，今之惑人也因其高明。」[10]也就是說，朱熹認爲老子只能「極高明」，卻不能「道中庸」，使人誤以爲掌握宇宙本體便已足夠，在日常生活中無須再留意什麼，導致人們在現實中茫然無所措。這種似是而非的理論比楊墨思想顯而易見的謬誤更足以惑人誤入歧途。（二）對老子的批判遠比對佛家的批判少。文中，佛老並舉時批評兩次，單舉「老氏」時批評一次，」其餘幾乎通篇以「釋氏」爲主要打擊目標。當然這可以解釋爲，朱熹認爲當時道家思想的勢力遠不如佛

9　朱熹，《近思錄》，頁 315-316。
10　朱熹，《近思錄》，頁 316。

教，但也不能否認朱熹對道家思想較佛教更具好感。[11]（三）
完全不批評莊子。當然，古人有時以「老氏」代表整個道家
思想，因此批評「老氏」就連莊子也批評進去了。但若注意
到朱熹對莊子的稱讚，便知他「辨異端」不辨莊子是有他的
一貫思考的。朱熹曾說：「莊子，不知他何所傳授，卻自見得
道體，蓋孟子以後，荀卿諸公皆不能及。」又說：「莊子比邵
子見較高，氣較豪。他是事事識得。」又說：「莊子是個大秀
才，他都理會得，只是不把做事。」[12]這三段話透出幾個意
涵：1.莊子見識較老子高。老子是極高明而不知道中庸，莊
子卻是「事事識得」。2.朱熹把莊子與一些儒家大師比較，儼
然把莊子也視爲儒家的一份子。3.朱熹說莊子事事識得，只
是「不把做事」，大概把莊子視爲對亂世無可奈何的隱者之
流。

　　吳澄以繼承宋儒爲志業，他對老莊的看法自然有其程朱
理學的思想脈絡可循。除此之外，吳澄看當代道家（包含道
教）還有兩項基本立場：1.他認爲世人對老莊的理解大多不
正確。吳澄在元成宗大德十一年校定《老子》、《莊子》、《太
玄章句》。危素回憶道：

> 公以老莊二子世之異書，讀者不人人知其本旨，注釋
> 者又多荒唐自誕。公爲之參考訂定，將使智之過高者

---

11 朱熹曾說：「老氏見得煞高，釋氏安敢望他！」參見張榮明，〈朱熹與
　道家、道教〉，《從老莊哲學到晚清方術—中國神秘主義研究》（上海：
　華東師範大學，2006），頁 120。
12 張榮明，〈朱熹與道家、道教〉，頁 111。

> 不至陷溺於其中，凡下者不至妄加疑度於高虛云耳。
> 太玄之書其文艱深，讀之者少，然邵子於其數實有取
> 焉。[13]

　　吳澄校定這些玄之又玄的「異書」，目的是不讓人陷溺其中，亦即要使其清晰化、去玄化。從他不僅研究《老子》、《莊子》，更及於《太玄》又說明了他並非對老莊情有獨鍾。2.他認為道教已經背離老、莊。他說：「道家之流，一降而為神仙，再降而為法術、為符籙、為科教，愈降愈卑，遠于老氏矣。」[14]如果宋代理學家以降直到吳澄都對老、莊尤其莊子表示好感，那麼他該如何「闢老」？

　　通常談到「辨異端」、「闢老」會直覺聯想到的就是與「異端」劃清界線、排擠對方，並且論證「異端」思想是錯誤的，以達到打倒對方、消滅對方的目的。但吳澄並不這樣做，他把老、莊變成儒門自家人。以下論述吳澄的「認親記」：

（一）認親道士

1.道士有儒德

　　許多道教經典包含著儒家倫理道德思想，[15]這是中國思想史上三教合一大勢下的產物，因此一些道士往往表現出儒

13　危素，《吳澄年譜》，《吳文正集》附錄，頁931。
14　吳澄，〈道山記〉，《吳文正集》卷四十五，頁477。
15　比如晉末和南北朝初年出現的《正一法文天師教戒科經》說：「事師
　　不可不敬，事親不可不孝，事君不可不忠，……仁義不可不行。」參
　　見卿希泰，〈簡論道教倫理思想的幾個問題〉，陳鼓應主編《道家文化
　　研究》第七輯（上海：上海古籍出版社，1995），頁21。

家德行。但吳澄爲了「闢老」，他抓住了這一點，誇大凸顯身
爲道士卻表現出儒家德行的矛盾。道士們所表現出來的儒家
美德中，最常爲吳澄所稱讚的就是人倫方面的「忠」和「孝」。
因爲人倫是儒家最看重的，是聖人順承天地生成秩序而制訂
的，朱熹批評佛老異端「把人倫物理滅跡掃盡」即是批評佛
老違背天理。吳澄之所以要稱讚道士的倫理道德，其實也就
暗示著：這些異端信徒自稱「出家人」，其實他們自己根本就
做不到「出家」，這證明儒家倫理確實本於人性，違背它即是
違背人性。

　　吳澄爲一位詩人何養晦作詩序，其詩集題名曰「天遊」。
「天遊」語出《莊子・雜篇・外物》，原文是「胞有重閬，心
有天遊」，陳鼓應譯爲：「胞膜都有空隙的地方，心靈也應與
自然共遊。」[16]吳澄對此道家語相當敏感，故在序中借題發
揮：

> 何養晦，儒家子。清介朴愿，無世俗不正之好，可與
> 遊乎方之內。其詩亦潔淡明愁非謾作者。噫！未易多
> 得也。然少孤且貧，寄跡老子法中，不肯如其同類之
> 混混於垢穢，志在遊乎方外，故以天遊名其詩，可尚
> 矣哉。噫未易淺期也。[17]

　　何養晦「志在遊乎方之外」，吳澄爲了將他拉回儒家正
道，首先強調何養晦的儒家背景，並且讚美他具有「清介朴
愿」的美德，然後不無諷刺地說「可與遊乎方之內」。爲什麼

---

16 陳鼓應，《莊子今注今譯》下冊（北京：中華書局，2007），頁721。
17 吳澄，〈何養晦詩序〉，《吳文正集》卷19，頁211。

要強調「可與遊乎『方之內』」呢？因爲吳澄認爲，何養晦所以從事方外之遊，完全是因爲世俗太過污濁而不願與人同流合污，導致無人可與遊乎方內，於是只好獨自遊乎方外。但是吳澄自己與何養晦一樣，並非世俗「混混於垢穢」者，正好可與何養晦一遊。何養晦有了吳澄，便可重新回到方內共遊，回歸儒家正道。接著，吳澄舉古人之例，暗示何養晦之遊實在不符合他自詡的莊子之「天遊」：

> 遊有三：有蘇相國之遊，有司馬太史之遊，有南華真人、三閭大夫之遊。相國之遊，欲界之遊也。太史之遊，色界之遊也。超乎無色界者，其惟南華真人乎！南華之遊，真遊也！三閭知之、言之而已，請問所安？[18]

此段之宗旨乍看之下是讚揚莊子，其實不然。其要在三閭大夫屈原。離騷的屈原自述己遊是「悲時俗之迫阨兮，願輕舉而遠遊」。[19] 顯然吳澄認爲，屈原遠遊之本質與莊子截然不同。屈原的遠遊是對污穢世俗的逃避，他的悲咏透露了憤世嫉俗的激情，他對塵世還有牽掛，還不能「極高明」地超脫；莊子之遊卻是看見宇宙實相之後真正自由自在逍遙遊的「極高明」的心靈境界，這才是真正的「天遊」。莊子的「天遊」，可以「無入而不自得」，可以「大隱隱於世」，到哪都能「獨與天地精神往來」，不必拋家棄子、離群索居。何養晦之遊如同屈原，絕非他自稱的莊子之「天遊」。前面說過，吳澄認爲世人不理解老、莊，何養晦亦然。莊子之高明令一般人難以

---

18 吳澄，〈何養晦詩序〉，《吳文正集》卷 19，頁 211。
19 屈原，《楚辭・遠遊》。

東施效顰，對他稍有誤解便有畫虎不成之虞。

　　還有一位「吳真人」，是皇帝身邊的「玄教大宗師」，受到元成宗的賞識，吳澄說他「禱祠供給，出入禁密，被眷遇至渥」。[20]他的父親因推恩而任官，他的祖父母、曾祖父母也被追贈頭銜。[21]吳澄抓住吳全節雖爲道士卻不忘倫理的行爲特點，極力稱讚他：

> 真人雖遊方之外，而事親之孝儒家子有不能及。其事君也恭順，其事師也無違禮，蓋在三如一矣。而又通儒好文、樂道人善，凡所尊、所嘉、所容、所矜一一各得其歡心。是以無貴賤、無長少、無遠近，翕然稱之曰賢。所以光其親者，誠如昔人所謂幸哉有子如此，

---

20 吳澄，〈送吳真人序〉，《吳文正集》卷 25，頁 263。

21 此人當爲吳全節。《元史‧釋老傳》：「全節字成季，饒州安仁人。年十三學道于龍虎山。至元二十四年至京師，從留孫見世祖。三十一年，成宗至自朔方，召見，賜古珚玉蟠螭環一，敕每歲侍從行幸，所司給盧帳、車馬、衣服、貶饋，著爲令。大德十一年，授玄教嗣師，錫銀印，視二品。至大元年，賜七寶金冠、織金文之服。三年，贈其祖昭文館大學士，封其父司徒、饒國公，母饒國太夫人，名其所居之鄉曰榮祿，里曰具慶。至治元年，留孫卒。二年，制授特進、上卿、玄教大宗師、崇文弘道玄德真人、總攝江淮荊襄等處道教、知集賢院道教事，玉印一、銀印二授之。全節嘗代祀嶽瀆還，成宗問曰：『卿所過郡縣，有善治民者乎？』對曰：『臣過洛陽，太守盧摯平易無爲，而民以安靖。』成宗曰：『吾憶其人。』即日召拜集賢學士。成宗崩，仁宗至自懷孟，有狂士以危言訐翰林學士閻復者，事叵測。全節力爲言于李孟，孟以聞，仁宗意解，復告老而去。當時以爲朝廷得敬大臣體，而不以口語傷賢者，全節蓋有力焉。全節雅好結士大夫，無所不傾其交，長者尤見親而敬，推轂善類，唯恐不盡其力。至於振窮周急，又未嘗以恩怨異其心，當時以爲頗有俠氣云。全節卒，年八十有二，其徒夏文泳嗣。」

　　岂特人爵之榮榮其親而已哉！[22]

　　儒家傳統最尊者不外「天、地、君、親、師」，後三者為人倫之大。[23]身為方外道士的吳全節，君、親、師三倫居然能兼顧並重。於孝一項，他甚至還能光宗耀祖，「儒家子有不能及」，比儒者還儒者。吳全節所屬的「玄教」，甚至「以政治上的顯貴名於世，在道教的理論上沒有什麼建樹」。[24]他的老師張留孫在元世祖時代還不僅被當作道士，更是國政諮詢的謀臣。[25]有感於吳全節而發，吳澄重新用儒者的眼光，站在歷史事實的基礎上重新詮釋老子的人倫觀：

　　　　儒率謂二氏之徒去家離親而外倫紀，固哉言夫。夫竺
　　　　土之習不可知，道家者流，則守藏吏者也。予觀禮家
　　　　所記答夫子問禮之辭，纖悉周徧，其後注宮假解傳世
　　　　演迤，謂外倫紀可乎？[26]

　　吳澄從老子身為守藏吏以及答孔子問禮一事，認為老子對禮的知識相當豐富完備，既知禮，便不可能有「外倫紀」的想法。老子被道教奉為祖師爺，吳澄這樣詮釋老子，暗諷道士既然要崇拜老子就該遵循老子思想，而知禮的老子根本

22　吳澄，〈送吳真人序〉，《吳文正集》卷 25，頁 263。
23　余英時認為從思想的實質說，天地君親師已包括在《荀子・禮論篇》之中，而南宋俞文豹的《吹劍三錄》最早將「師」與「天地君親」並列。至少在明末這五字已經「變成紅紙條，貼在廳堂上」了。參見余英時，〈中國現代價值觀念的變遷〉附錄：〈「天地君親師」的起源〉，氏著《知識人與中國文化的價值》（台北：時報，2007），頁 142-147。
24　卿希泰、唐大潮，《道教史》，頁 262。
25　卿希泰、唐大潮，《道教史》，頁 260。
26　吳澄，〈送吳真人序〉，《吳文正集》卷 25，頁 263。

不可能鼓勵出家，因此道士出家拋棄人倫完全沒有任何理論依據。[27]這是一招漂亮的「以彼之道，還治彼身」。

龍虎山北方有座險峻的白雲嶺，爲登山所必經。善男信女們凡登山無不筋疲力竭。上清外史薛玄卿體恤他們，在嶺東建了兩座亭子，在嶺西建了一棟別館，專供香客休憩之用。他又買了若干畝田地，收其歲入作爲提供香客湯茗的資金來源。[28]吳澄認爲這是「仁」的表現。他說：

> 或曰：玄卿學老氏。老氏貴玄玄之道而賤煦煦之仁。今之爲是煦煦也，得無以其所賤待人乎？或曰：勞瘁于斯者，少賤有所不獲免。老者可以休，貴者可以逸，而胡爲乎來哉？其必有所牽也。終身役役藘然以疲，可大哀己，而彼不自哀也，是豈可以言而諭？使之駐足斯館，游目斯亭，覽羣峯之奇勝，納六合之廣大，當勞瘁之餘而悠然遐想，恍然頓悟，將外境俱忘，內慮氷銷，知閑閑靜退之高而攘攘飛奔之癡也。是蓋善以玄玄之道覺斯人者，而豈徒以煦煦以爲仁乎哉？[29]

吳澄以虛擬的第三者的口吻提出兩個疑問：1.老子重視的是宇宙生化之大道，而不屑於小仁小義。作爲老子信徒的薛玄卿爲何要施行這種小仁小義呢？2.千辛萬苦跋山涉水的香客們，旁人苦之而其不自以爲苦，又何必對他們多說多做

---

27 吳澄主張老子未嘗拋棄人倫的觀點，還可見〈題蕭道士父示兒詩後〉：「雖然老氏言道，亦曷嘗廢父子之倫哉！其後出家棄親，一效西竺而曰道士。」吳澄，〈題蕭道士父示兒詩後〉，《吳文正集》卷62，頁605。
28 吳澄，〈崇賢館記〉，《吳文正集》卷48，頁501。
29 吳澄，〈崇賢館記〉，《吳文正集》卷48，頁501。

什麼呢？吳澄認為不然，薛玄卿所為是有意義的。意義在於，
這些亭館可以讓香客們休息欣賞美景，體會與自然融合的美
感，稍微忘卻俗務，忘卻朝山之辛苦。吳澄認為香客們「攘
攘飛奔」的朝山是荒謬的、愚癡的，因為真正有智慧的人應
該是「知閑閑靜退之高」。應該追求的是心靈境界，而不是懷
有世俗功利目的的求神拜佛。吳澄認為薛玄卿此舉並非小仁
小惠，而是「以玄玄之道覺斯人」的啟蒙式的大仁大義。因
此他「盛讚」薛玄卿：

> 玄卿之於老氏，寄迹焉爾。其心則儒也。儒之心，寒
> 者思暄之，暍者思清之。雖見一牛之喘，聞孤獸之號，
> 猶且惻然動不忍之心，而況於人乎？救餓必發廩，利涉
> 必成梁固也。廩未發而粥以食餓，梁未成而輿以濟人，
> 亦時措之宜而賢乎已，詎可謂之小惠而不為也耶？[30]

吳澄認為薛玄卿的義舉乃是發自人所固有的惻隱之
心，這種惻隱之心是儒者所標榜的。這種善行無論大小都是
自然而然發生，並不因為恩惠小就忽略不做。薛玄卿是道家，
吳澄又照例給對方戴上儒者的帽子。其反面則暗指對方身為
道家信徒，也不能修掉人生固有的惻隱之心，證明了儒道才
是符合人性的正道。問題是，這是薛玄卿的本意嗎？從「玄
卿笑而不言」[31]的尷尬表情來推斷，答案應當是否定的。薛
玄卿原本只是單純地想方便這些朝山的香客，招待他們，表
現道教聖山的氣派，怎知吳澄卻做出這種與原意一百八十度

---

30 吳澄，〈崇賢館記〉，《吳文正集》卷 48，頁 502。
31 吳澄，〈崇賢館記〉，《吳文正集》卷 48，頁 502。

相反的解釋且能頭頭是道？薛玄卿本意是招待，吳澄曲解爲勸香客下山的「以玄玄之道覺斯人」；薛玄卿是道，吳澄則曲指他是儒。尷尬的薛玄卿，在吳澄的闢老策略面前也只能「笑而不言」。

2.道士有儒學

稱讚道士的學問有正反兩面的含意：1.由於老子的主張是「爲學日益，爲道日損」，因此道士只要博學便違背了道家宗旨。2.博學深思是儒者「格物窮理」的工夫，因此道士一旦博學，不但不成其爲道士，反成了儒者。[32]

黃平仲是一個道士，他起了雲遊四海的念頭。吳澄作了篇贈序勸他放棄，序中，吳澄先讚美黃平仲的學行：

> 高仙觀道士黃平仲，劬書工詩，與之語見其爲儒流，
> 不見其爲道士也。[33]

吳澄先點出對方的「道皮儒骨」，意在暗示對方的「遊」其實是出自不得已。然後，吳澄再直接引用老子、莊子的言論打擊一般人認爲道士就是該閒雲野鶴地漫遊的看法，戳穿這層「道皮」：

---

32 吳澄似乎把博學當作儒家的專利。他曾比較老子和儒家聖人之學曰：「老氏之學，治身心而外天下國家者也。人之一身一心，天地萬物或備，彼謂吾求之一身一心有餘也，而無事乎他求也。是固老氏之學也。而吾聖人之學不如是。聖人生而知也，然其所知者降衷秉彝之善而已，若夫山川風土、民情世故、名物度數、前言往行、非博其聞見於外，雖上智亦何能悉知也？故寡聞寡見不免孤陋之譏，取友者一鄉未足而之一國，一國未足而之天下，尤以天下爲未足而尚友古之人焉。」吳澄，〈送何太虛北游序〉，《吳文正集》卷 34，頁 359-360。

33 吳澄，〈贈道士黃平仲遠遊序〉，《吳文正集》卷 26，頁 271。

今之道士自謂老氏之徒。予觀老氏之書以鄰國相望而不相往來為美，夫豈亦以遠游為善哉？倘若遍覽山川、周知風俗，則老氏固云「不出戶知天下」、「其出彌遠，其知彌少」矣。青牛西度，蓋閔周之衰亂而辟世，孔孟之歷諸國，聖賢之不幸也。若夫漆園吏之逍遙游，三閭大夫之所謂遠游，此非行地之游也。予儒流不足以知此，它日解后尚當細論。[34]

這裡，吳澄從老莊的哲學理論與歷史事實來兩個角度來立論。在理論上，道士若要「行萬里路勝讀萬卷書」，既違背老子的「為學日益、為道日損」，也不符合莊子「逍遙遊」的真義。在歷史事實上，他認為老子西出涵谷關與孔孟周遊列國都是不得已，非好遊也。吳澄反對遠遊，其出發點雖然是儒家倫理道德，但他不就此立說，反而靠著自己的博學，深入理解老莊哲學與先秦史，提出精湛的解釋，說服力強，難怪他得意地說：「因吾言而不復游者有焉」[35]。

有一位「空山雷講師」，應為雷思齊與吳澄談老子甚相契。吳澄回憶這位講師與人論學的情景：

每見師與人論詩，羣雌孤雄，聽者披靡。蓋才高學廣、氣盛辭贍，橫說豎說，無施不可，孰敢迎其鋒？所謂長袖善舞者歟？[36]

吳澄當然是有意的指出他博學好勝的一面。此公博學善

---

34 吳澄，〈贈道士黃平仲遠遊序〉，《吳文正集》卷 26，頁 271。
35 吳澄，〈贈道士黃平仲遠遊序〉，《吳文正集》卷 26，頁 271。
36 吳澄，〈空山漫藁序〉，《吳文正集》卷 22，頁 235。

辯至此，吳澄照例要強調他不是道家：

> 師嘗註道德經及南華內篇三詩其一伎爾。少業進士，
> 應舉不偶，乃寄跡老氏法，儒中之巨擘非道家者也。[37]

吳澄認為這位講師研究老莊不過當作一門知識在研究，是儒者「格物窮理」的一部份（大概也是吳澄的夫子自道）。以這位講師的學問，非但不是道家，更臻「儒之巨擘」之境了。況且，他寄跡老氏法不過是出於科舉失利的不得已，並非真心嚮往方外。博學者儒！[38]這就是吳澄的邏輯。

（二）認親道家

中國哲學史上的「六家」之分始於漢代，先秦除儒、墨以外，各學派並無明顯的宗派觀念。陳啟雲教授認為：

> 戰國末年時，「道」全體博大，無所不包，無所不在的
> 觀念，大概是從春秋時期開始逐漸發展出來的。這觀
> 念的原始，在時間上不但比西漢初年才出現的道家名
> 號、定義早三四百年，比孔子、《論語》、孔學和老子
> （其人）、老學、老子（其書）也早了一二百年。[39]

---

37 吳澄，〈空山漫藁序〉，《吳文正集》卷 22，頁 235。
38 吳澄幾乎把博學當成儒者的充要條件了。用吳澄的話說就是「通天、地、人曰儒」。他說：「一物不知，一事不能恥也。洞觀時變不可無諸史，廣求名理不可無諸子，游戲詞林不可無諸集，旁通多知亦不可無諸雜記錄也。而其要唯在聖人之經。」吳澄，〈題楊氏忠雅堂記後〉，《吳文正集》，頁 569。吳澄除了宣稱儒者應該無所不知，以不知不能為恥，更指出了各種學問的功能及位階，這種對博學的追求，很有清儒的風格。
39 陳啟雲，〈「儒家」、「道家」在古代中國思想文化史中的定位〉，《中國古代思想文化的歷史論析》（北京：北京大學，2003），頁 119。

　　打破漢代學者給我們套的「六家」框框是近來學術思想史研究的主流，吳澄也意識到了先秦根本無所謂「道家」，他的看法與陳啓雲教授幾乎完全相同。據此，他採取了兩道策略：1.收回儒家的傳家寶 ──「道」。2.讓老、莊歸位。

　　1.收回傳家寶。

　　崇仁縣西北有一座「羅山」，「山有神館以祠既往之仙靈，以俟方來之仙隱，而名之曰『道山』」。[40]吳澄見此山名，與道山主人滔滔辯「道」。他第一步是論證「你有我也有」：

> 道也者，大而天地莫能載，小而人之日用莫能遺，未易以言語繪畫也。唐韓子略言其用于〈原道〉之篇。蓋自堯、舜、禹、湯、文、武、周公傳之孔子，以至于鄒孟氏。周之衰也，世喪道失。柱下守藏史著書五千言論「道」，其以清靜無為為本。孟子既沒，孔道失傳，人但見老子所言超乎末俗，因是專以老氏為「道家」，學孔之徒名曰「儒家」。「儒家」者流而不得與于「道」之名。韓子作〈原道〉，雖極其辯而卒莫能奪。比及宋代孔道大明于下，非漢唐所可等倫，然老氏專「道」之名猶如昔也。[41]

　　「道」本來是儒家的傳家寶，不幸地「大宗」傳到了孟子以後把它弄丟了，被「小宗」老子撿了去（為什麼老子是「小宗」後有論證）。吳澄此段分為兩個層面來談：1.在形上學的層面上。「道」充塞天地，有大有小，不離日用。雖然吳

---

40 吳澄，〈道山記〉，《吳文正集》卷 45，頁 476。
41 吳澄，〈道山記〉，《吳文正集》卷 45，頁 477。

澄提到韓愈的大作，但他所說的「道」，是在宋代理學脈絡下
形上學意義的「大而天地莫能載，小而人之日用莫能遺」之
「道」，不同於韓愈簡單定義的「博愛之謂仁，行而宜之之謂
義，由是而之焉之謂道」[42]的「道」。對這種形上學意義的「道」
有完整認識的往聖構成所謂「道統」。儒家聖人與老子各有自
己對「道」的體認，沒有一家可以獨稱「道家」。與宋代理學
家相同，吳澄的「道」的內涵與老莊之「道」是有交集的，
交集的是「極高明」的「體」的部分，因此他說老子「超乎
末俗」。2.在歷史事實上。孟子以後，儒家對「道」的完整體
認失傳了，後人以為只有老子討論「道」，便稱之為「道家」。
因為吳澄意識到道有「道」，儒亦有「道」，他才反對道家壟
斷「道」名。這是他第一步的「你有我也有」的論證。第二
步他要論證「我有你沒有」：

> 山之主人家世皆出仕，同乎孔氏用世之道，異乎老子
> 之清靜無為也。況道家之流，一降而為神仙，再降而
> 為法術、為符籙、為科教，愈降愈卑，遠于老氏矣，
> 是烏可以名道也？今也，治民能言游之愛，治材能冉
> 有之藝，無一非孔道之用，何羨乎圖書祕府之擬于蓬
> 萊者哉？……彼老氏去仁與義而言之道又奚足云？[43]

　　吳澄明白指出，儒、道二家雖然都講「道」，但有一絕
大的分野：儒家之「道」「體」、「用」兼備，能「治民」、「治
材」；老子之道講「清靜無為」，又不談「仁」、「義」，是有「體」

---

42 韓愈，〈原道〉。
43 吳澄，〈道山記〉，《吳文正集》卷 45，頁 477。

而無「用」，只認識一半。後世道教更不用說了，只剩下迷信，連「體」都沒有了。這一步完成了「我有你沒有」的論證。至於道山主人，他「家世皆出仕」，其山雖以道教命名，主人所行者實爲孔子儒家之道，這也是認親策略之一。既然道亦有「道」，儒亦有「道」，而儒家聖人對「道」的體認又比老子完整，自然老子一派不能再被稱爲「道家」。

2.老、莊歸位。

先秦沒有道家，吳澄把老子定位爲儒家分類中的隱士：

> 夫心不溷濁之謂清，迹不章顯之謂隱。古之清静無爲、隱約無名者，予於周室守藏史老聃氏見之。[44]

> 予讀易，窺聖人洗心齊戒者其清也，遯世潛藏者其隱也。然聖人之心常清，而跡之隱顯隨時，不必於隱也。老氏與夫子同生周季，專守無爲無名之道，固亦吾夫子之所尊，至今能立其教與夫子並，允謂博大真人哉。[45]

上面兩條出自同一篇文章，應該放在一起思考。吳澄強調老子是「周室守藏史」，而且是「古」之隱士，這有兩層意義：第一，將老子道教祖師、道家聖人的神聖冠冕摘下，還原爲歷史上的老子（第四頁討論老子人倫觀的引文中也有「道家者流，則守藏吏者也」的言論，前面討論「道」的部分吳澄更直接用「柱下守藏史」代稱老子，言下之意昭然若揭）。第二，爲什麼要強調「周室」呢？這是因爲史書明載的「諸

---

44 吳澄，〈紫極清隱山房記〉，《吳文正集》卷48，頁501。
45 吳澄，〈紫極清隱山房記〉，《吳文正集》卷48，頁501。

子出於王官」。[46]道家出於周室，儒家也出於周室，兩者同出一源。既然同出周室，那麼結合他的道統系譜一同觀之，種種線索串在一起便能發現吳澄暗示了以下的推論：若 a.老子是周室中「隱約無名」的一份子（守藏史）。b.儒家以繼承周文爲己任，儒家的孔子是完整繼承文、武、周公之道的聖人，是周文的代表。→（則）老子身爲守藏史所代表的那一部份的周文也被儒家繼承了。→儒家包括了老子。第二條則特地引用《易經》對聖人之「隱」的描述（因爲《易經》是理學家最重要的經典）來說明老子的「遯世潛藏」的行爲在儒家經典中也是可以找到依據的，因此老子就能夠依照儒家的定義被歸入儒者分類中的隱士。[47]吳澄利用「周室」將老子拉進儒家的手法，還可見頁 5 中吳澄論述老子知禮不可能主張「外倫紀」的引文。兩處共觀，我們還能發現吳澄將「隱」和「外倫紀」的出家做了明快的切割，即「隱」毋須拋家棄子，一旦拋家棄子就不是儒而流於異端了。

　　那爲什麼老子不是聖人呢？這是因爲對於「隱」這個行爲，聖人所重的是心靈的平靜，對現實世界還是可以有所作爲（孔子一方面可以在心靈上「不知老之將至」，一方面又能

---

46 這反映吳澄對我們現在所謂的「中國上古史」的喜愛。他在《學統》中開列一份書單，其中重要性僅次於四書五經（「本言」）和宋儒著作（「幹言」）的「支言」中，史部只有《國語》、《國策》、《史記》（《漢書》附）。筆者推測，吳澄的思想與他的歷史知識有很大的關係。參見方旭東，《吳澄評傳》（南京：南京大學，2005），頁 64。

47 陳啓雲教授也指出孔子學派對這些狂者、隱士的避世、消極、狂放是採取「同情瞭解和反思容忍的態度」，並不排斥他們。參見陳啓雲，〈「儒家」、「道家」在古代中國思想文化史中的定位〉，頁 124。

「知其不可爲而爲」）。在理想與現實矛盾的情況下，不能因爲時不可爲或者與聖人所處的時空不同便選擇當一個「自了漢」而放棄理想。吳澄認爲應該要「爲其時之所可爲者」和「爲其位之所當爲者」。[48]老子則是「專守無爲無名之道」，沒有淑世的理想與行動，因此隱士老子雖然是被孔子所尊重的「博大眞人」，但還不能稱爲聖人。老子不能「爲其時之所可爲者」和「爲其位之所當爲者」則是因爲對先聖之「道」缺乏完整的認識，因此不能是儒家的「大宗」、「正宗」，只能是「小宗」。總之，吳澄用《易經》和周室便將老子的牌位放進儒家祠堂裡了。

　　莊子呢？在吳澄心中，莊子在「儒家」的地位比老子還高：

> 莊子內聖外王之學，洞徹天人，遭世沈濁而放言滑稽以玩世。其爲人固不易知，而其爲書亦未易知也。魏晉以來註釋奚翅數十，雖淺深高下不同，大抵以己見說莊子，非以莊子說莊子也。玄學講師侯大中，蜀產也。澹然樸素，好《南華經》。聞清江道士杜充符有唐劍南道士文如海《南華正義》，命其徒徑往繕寫以歸。如獲珍器，近以示予。予嘉文氏方外之人，乃能獨矯郭氏玄虛之失，而欲明莊子經世之用，噫可不謂拔乎儔類者哉？[49]

吳澄認爲歷代對《莊子》的詮釋都流於主觀，流於玄虛，

---

48 吳澄，〈與憲僉趙弘道書〉，《吳文正集》卷 11，頁 130。
49 吳澄，〈莊子正義序〉，《吳文正集》卷 17，頁 190。

不能把握莊子的本意（前面提過，吳澄校定《老子》、《莊子》、《太玄章句》的目的是要使其清晰化、去玄化，不致使人陷溺其中，在此可得明證）。不僅如此，他更直指莊子之學是「內聖外王之學」。「內聖外王」這四個字是宋儒的最高理想，可以完整概括整個宋代儒學，吳澄把這四字加冠於莊子，是繼朱熹之後對莊子的最高評價。既然莊子有「內聖外王」之學，其「經世之用」自然含括其中，不言而喻了。「莊子內聖外王之學，洞徹天人」──吳澄把莊子納入儒門，對莊子「認親」的意圖再明顯不過了。至此，我們還能說在吳澄心中的莊子所展現的不是一位先秦大儒的形象嗎？

三、爲何使用「滴血認親」？

　　吳澄使用這種迂迴的策略來「闢老」，首先來自他對當代儒生墮落的無奈。葛兆光認爲六朝隋唐以來的道教史是一段對儒家正統思想的「屈服史」。[50]然而如果我們拋棄儒家本位主義，以道教爲中心觀之，會發現道教思想應有其自主的發展脈絡，實難遽分主客。[51]即使吳澄的手段相當委婉溫和，與其說是「闢老」，倒不如說是化敵爲友（甚至化敵爲親）、「統一戰線」，但他畢竟間接否定了道教思想的主體性。因此筆者

50　參見葛兆光，《屈服史及其他：六朝隋唐道教的思想史研究》（北京：三聯，2003）。

51　以全真教爲例，胡其德師指出：「王重陽所言『三教歸一』，只是順著李唐五代以來三教合一的潮流而發出的口號，以吸引信徒，並假借之超越老莊、超越傳統的內丹學。」參見胡其德師，〈王重陽的「解脫」法門〉，頁157。

不禁要問，難道吳澄的「喜共方外畸人語」只是一個好戰的儒者對「異端」的鬥性展現？

　　至少吳澄溫文儒雅的性格很難令我們相信這一點。吳澄不是韓愈，也不是「喚迷途」的顏元。他之所以願意與方外人士來往實出自對現實的無奈。他無奈讀書人的墮落，無奈有才德者皆寄跡方外。他對當時的讀書人是什麼觀感呢？

> 蓋自宋末，舉世浸淫於利誘，士學大壞。童年至皓首一惟罷軟爛熟之程文是誦是習，無復知為學之當本於經，亦無復知為士之當謹於行。[52]

　　批評當代學風的儒者幾乎無代無之並不希罕，但吳澄特指「宋末」為士風大壞的起點則有其深意。南宋理宗以後，程朱之學逐漸官學化而與科舉結合，使得原本作為與官方王學對抗，指導個人身心修養進而為社會造福的為己之學，沾染了功名利祿的氣息。漸漸地四書也好、宋儒之書也好，都淪為仕進的工具。「思想成了文本，文本退化成文字，文字僅僅作為符號供人背誦」[53]，程朱理學就這麼與個人身心性命脫離了關係。因此，吳澄大力抨擊科舉制度。胡青指出，吳澄認為科舉制度造成士子學習動機的不純，也因為科舉制度許多項目非考其所長，無法判斷考生的實際能力，因而不能有效選拔人才。[54]

---

52 吳澄，〈送李教諭赴石城任序〉，《吳文正集》卷 28，頁 294。
53 葛兆光，《中國思想史》第二卷（上海：復旦大學，2001），頁 287。
54 胡青，〈吳澄教育思想初探〉，《江西師範大學學報》，1984 年第四期，頁 70。

　　吳澄自小便把舉業與聖賢之學嚴格區分，〈行狀〉記載：

十歲始得朱子大學等書，而讀之恍然知爲學之要。日
誦大學二十過，如是者三年，次第讀論語、孟子、中
庸專勤亦如之。晝誦夜惟，弗達弗措，十三歲大肆力
於羣書。家貧，常從鬻書者借讀，既而還之，鬻書者
曰：「子盡讀之乎？」先生曰：「試舉以問我。」鬻者
每問一篇輒終其卷。鬻者遂獻其書。十四歲丱角赴郡
學補試，郡之前輩儒者皆驚其文。十五歲知厭科舉之
業而用力聖賢之學。[55]

　　吳澄自小便對學問本身充滿濃厚的興趣，應舉爲官在他
的學習歷程中扮演次要甚至不必要的角色。他學習的動力是
發自內心的求知欲，而非舉業。這是真正的爲己之學。學問
爲己，才能把所學活化而與現實結合。把所學活化與現實結
合才能夠實踐。這也是爲什麼吳澄在朱陸門戶之見特深之時
還要在國子監對學者大聲疾呼：「朱子於道問學之功居多，而
陸子以尊德性爲主。問學不本於德性，則其弊必偏於訓釋之
末，故學必以德性爲本，庶幾得之。」[56]陸門以實踐之功著
稱，吳澄強調陸子即是強調實踐的重要。當然不能把元代讀
書人一竿子打翻，但一旦賦予作爲爲己之學的道學工具性，
當「書中自有黃金屋」時，就很難避免那些逐利之徒不會「劣
幣驅逐良幣」了。

---

55 虞集，〈行狀〉，《吳文正集》附錄，頁 936。
56 黃宗羲、全祖望，《宋元學案》卷 92（北京：中華書局，1986），頁
　3037。

　　讀書人墮落，倒是「異端」道士的才德常常令他眼睛爲之一亮。除了前面所舉的一些具有儒德的道士外，在一篇爲被稱爲真大道的教派撰寫的碑文中，吳澄描述一位道士充滿敬意地敘述其創教祖師的篳路藍縷、歷代師嗣的清靜儉樸以及各種常人不可及的德行，甚至於對儒家喪制能遵行不背。這令吳澄聽後不禁感嘆：「士大夫之有不如師（口述者之師）亦賤土苴而貴其真」。[57]再另一篇文章中，吳澄受託記述江西瑞泉山清溪觀師徒們的事蹟，他們在十年之內成功重建了慘遭祝融之禍的道觀。他對這群道士的才能讚賞不已：「予向聞清溪罹人火之厄，共爲惋惻。迨今不十年間，營繕克底周悉。非其心之公、力之堅、才之優，何以能若是？嗚呼，卷懷世間有用之才寄跡方外無爲之教而有未見者，安能使人不慨然思其人哉？幸而獲見其人，又安得不深喜樂道而獎與其能乎？是以爲之記而不辭。」[58]除了「有用之才寄跡方外無爲之教」外，反過來說，他想必也爲了方內「有爲」的儒教的不爭氣而慨嘆吧。慨嘆之餘，吳澄當然樂於與有才德的方外之士交往，只不過爲了維護儒者的顏面和對儒家正道的信念，他才不得不「滴血認親」一番。這是一位大儒的無奈。

　　其次，這種透過「認親」，將外教教主、聖人納入己教陣容的手法，在釋、道二教中早有先例。道教經典《太平經》曾將儒家聖人納入己教，並將之列爲修爲等級序列中的下等：「神人主天，真人主地，仙人主風雨，道人主教化吉凶，

---

57 吳澄，〈天寶宮碑〉，《吳文正集》卷 50，頁 519-522。
58 吳澄，〈瑞泉山清溪觀記〉，《吳文正集》卷 47，頁 488-489。

聖人主治百姓，賢人輔助聖人，理萬民錄也，給助六合之不
足也。」黃進興對此評論道：「『成聖希賢』原爲儒家至高無
上的成德目標，而《太平經》卻列之爲修道成就最卑下的兩
個位階，其意在貶抑儒教至爲明顯。」[59]在佛教方面，北周道
安引用《清淨法行經》聲稱：「佛遣三弟子，震旦教化。儒童
菩薩，彼稱孔丘；光淨菩薩，彼稱顏淵；摩訶迦葉，彼稱老
子。」而「在當時佛門弟子中，此說似甚爲流行」。[60]筆者不
能證明吳澄是有意地模仿這些外教前人，但博學如吳澄者，
對這些佛道典籍當不陌生。

四、結　論

　　筆者曾聽聞一則不知是否屬實的小故事：美國前總統林
肯曾誓言消滅政敵，但沒多久卻又與政敵交好。有人問他不
是應該要把他消滅嗎？林肯的回應則是：「我的『敵人』已經
消滅啦，現在他不是變成我的朋友了嗎？」吳澄「滴血認親」
的闢老策略可說比林肯式的化敵爲友更加徹底。

　　他對道士「驗血」，驗出那些道士的儒家 DNA，指出對
方的儒家美德，如忠、孝等人倫大節。他又指出博學多聞的
道士不符合老子「爲學日益，爲道日損」之教，這是儒者的
工夫。在認親老莊道家上，吳澄做了哲學與史學雙重脈絡的
思考並加以整併：在哲學上，將「道術爲天下裂」以後爲道

---

59 黃進興，〈作爲宗教的儒教：一個比較宗教的初步探討（上篇）〉，《聖
　賢與聖徒》（台北：允晨，2001），頁65。上面引用的《太平經》原文
　亦轉引自此。
60 黃進興，〈作爲宗教的儒教：一個比較宗教的初步探討（上篇）〉，頁67。

家壟斷的「道」拉回原來的至高地位，恢復其完整的狀態。他暗示著孔孟對「道」的完整繼承，而老子卻是見道不明，但仍堪稱「博大真人」。在歷史上，他把老子從道教教主、道家聖人的地位還原成歷史上記載的「周室守藏史」，又將莊子從「南華真人」還原為飽讀「內聖外王之學」卻「遭世沈濁」的奇士大儒。一面是哲學的還原，一面是歷史的還原，於是乎，讓老、莊「認祖歸宗」的工作大體完整，一幅儒家本位立場卻又兼顧史實的先秦學術史圖像便浮現了。

　　當然，吳澄這些認親只是一廂情願的，他站在儒家本位立場，而不考慮道家或道教內部思想的發展脈絡。比如，道教經典中講倫理道德，是以成仙為目的的，[61]與儒家的現世關懷不同。這一廂情願反映了吳澄對當代學風的無奈與失望。一方面他自己是個儒者，一方面他又親眼見到自己立志繼承的程朱之學的官學化而淪為科舉進仕的工具。為己之學墮落為逐利之學。與其和逐利之徒交往，倒不如「共方外畸人語」，至少方外之人投身方外也是一種「為己」的形式，比逐利之徒高尚得多。然而，身為儒者，以繼承道統為職志的吳澄畢竟要擔起守護儒家正道的責任，因此他在與方外畸人共遊之際不得不替儒家說說話，解釋自己之所以與道士遊並非傾心方外，才會別出心裁使用這一套闢老策略。

---

61 卿希泰，〈簡論道教倫理思想的幾個問題〉，頁 24。

參考資料

一、傳統史料

楊維傑編，《黃帝內經素問譯解》（台北：台聯國風出版社，1984）。

（唐）李延壽撰、楊家駱主編，《南史》（台北：鼎文，1981）。

（宋）撰者不詳，《陰符經三皇玉訣》，《正統道藏》（臺北：新文豐，1985）。

（宋）翁葆光，《紫陽真人悟真篇註疏》，《正統道藏》（臺北：新文豐，1985）。

（宋）周敦頤，《周敦頤集》（北京：中華書局，1990）。

（宋）胡宏，《胡宏集》（北京：中華書局，1987）。

（宋）朱熹，《四書章句集注》（北京：中華書局，1983）。

（宋）朱熹，《近思錄》（台北：商務印書館，1996）。

（宋）朱熹，《朱文公集》卷 85，朱傑人、嚴佐之、劉永翔主編《朱子全書》（上海：上海古籍，2002）。

（宋）黎靖德編　王星賢點校，《朱子語類》（北京：中華書局，1985）。

（宋）陸九淵，《陸九淵集》（北京：中華書局，1980）。

（宋）黃榦，《勉齋集》，《景印文淵閣四庫全書》（台北：台

灣商務，1983）。

（元）脫脫等，《宋史》（臺北：鼎文書局，1980）。

（元）撰者不詳，《清微元降大法》，《正統道藏》（臺北：新文豐，1985）。

（元）吳澄，《吳文正集》，《景印文淵閣四庫全書》（台北：台灣商務，1983）。

（元）吳澄，《吳文正公外集》（台北：新文豐，1985）。

（元）吳澄，《道德真經註》，《無求備齋老子集成初編47》（板橋：藝文，1965）。

（元）吳澄，《書纂言》，《景印文淵閣四庫全書》（台北：台灣商務，1983）。

（元）吳澄，《禮記纂言》，《景印文淵閣四庫全書》（台北：台灣商務，1983）。

（元）吳澄，《易纂言》，《景印文淵閣四庫全書》（台北：台灣商務，1983）。

王新春、呂穎、周玉風，《易纂言導讀》（濟南：齊魯書社，2006）。

（元）程鉅夫，《雪樓集》（台北：新文豐，1988）。

（元）虞集，《道園學古錄》（台北：台灣中華書局，1971）。

（元）鄭玉，《師山集》，《景印文淵閣四庫全書》（台北：台灣商務，1983）。

（元）趙孟頫，《松雪齋集》，《景印文淵閣四庫全書》（台北：台灣商務，1983）。

（元）劉岳申，《申齋集》，《景印文淵閣四庫全書》（台北：

台灣商務，1983）。

（元）劉壎，《隱居通議》（台北：廣文，1971）。

（元）劉壎，《隱居通議》，《景印文淵閣四庫全書》（台北：
　　台灣商務，1983）。

（明）宋濂等，《元史》（臺北市：鼎文書局，1981）。

（明）王守仁，《王陽明全集》（上海：上海古籍出版社，
　　1992）。

（清）黃宗羲、全祖望，《宋元學案》（北京：中華書局，2007）。

（清）黃宗羲，《明儒學案》（台北：河洛圖書，1974）。

趙弘恩，《江南通志》，《景印文淵閣四庫全書》（台北：台灣
　　商務，1983）。

《撫州府志》（台北：成文，1975）。

柯劭忞，《新元史》（台北：藝文，1955）。

二、近人研究

專　書：

（1）中　文

Ben-Ami Scharfstein（夏夫斯坦）著、徐進夫譯，《神秘經驗》
　　（台北：天華，1982）。

W.T. Stace 著、楊儒賓譯，《冥契主義與哲學》（台北：正中，
　　1998）。

William James 著、唐鉞譯，《宗教經驗之種種》（北京：商務，
　　2002）。

方旭東，《吳澄評傳》（南京：南京大學出版社，2005）。

方旭東，《尊德性與道問學：吳澄哲學思想研究》（北京：人民出版社，2005）。

王明蓀，《元代的士人與政治》（台北：學生，1992）。

王素美，《吳澄的理學思想與文學》（北京：人民出版社，2005）。

田浩（Hoyt Cleveland Tillman），《朱熹的思維世界》（台北：允晨，2008）。

白百伶，《宋元之際的朱陸異同論》，中國文化大學中國文學研究所碩士論文，2004 年。

任繼愈主編，《道藏提要》（北京：中國社會科學，1991）。

牟宗三，《從陸象山到劉蕺山》（台北：學生書局，2000）。

牟復禮（Frederick W. Mote）著、王立剛譯，《中國思想之淵源》（北京：北京大學出版社，2009）。

艾爾曼（Benjamin A. Elman）著、趙剛譯，《從理學到樸學 —— 中華帝國晚期思想與社會變化面面觀》（南京：江蘇人民出版社，1995）。

余英時，《中國近世宗教倫理與商人精神》（台北：聯經，2004）。

余英時，《中國思想傳統的近代詮釋》（台北：聯經，1987）。

余英時，《朱熹的歷史世界 —— 宋代士大夫政治文化的研究》（北京：三聯書店，2004）。

余英時，《宋明理學與政治文化》（台北：允晨，2004）。

余英時，《論戴震與章學誠》（北京：三聯書店，2005）。

李仲軒口述、徐皓峰整理,《逝去的武林 —— 1934 年的求武紀事》(北京:當代中國,2006)。

狄百瑞著(Wm. Theodore de Bary)、李弘祺譯,《中國的自由傳統》(香港:中文大學出版社,1983)。

林繼平,《宋學探微》(台北:蘭臺,2001)。

林繼平,《我的治學心路歷程》(台北:蘭台,2000)。

林繼平,《陸象山研究》(台北:台灣商務,1983)。

侯外廬,《中國思想通史》(北京:人民,1960)。

侯外廬等,《宋明理學史》(北京:人民出版社,1984)。

侯潔之,《道南學脈觀中工夫研究》(台北:花木蘭,2008)。

秋月觀瑛著、丁培仁譯,《中國近世道教的形成 —— 敬明道的基礎研究》(北京:中國社會科學出版社,2005)。

胡孚琛、呂錫琛,《道學通論》(北京:社會科學文獻,2004)。

胡其德,《蒙元帝國初期的政教關係》(台北:花木蘭,2009)。

卿希泰、唐大潮,《道教史》(江蘇:江蘇人民出版社,2006)。

唐雲,《走近中醫 —— 對生命和疾病的全新探索》(台北:積木文化,2004)。

徐紀方,《陸象山弟子研究》(台北:文津,1990)。

徐遠和,《理學與元代社會》(北京:人民出版社,1992)。

荒木見悟著、廖肇亨譯,《佛教與儒教》(台北:聯經,2008)。

袁冀,《元吳草廬評述》(台北:文史哲,1978)。

張佳才,《陳淳與朱子學》(北京:人民出版社,2004)。

陳來,《有無之境 —— 王陽明哲學的精神》(北京:三聯書店,2009)。

陳來，《朱子哲學研究》（上海：華東師範大學出版社，2000）。

陳來，《宋明理學》（上海：華東師範大學，2003）。

陳雯怡，《由官學到書院 —— 從制度與理念的互動看宋代教育的演變》（台北：聯經，2004）。

陳榮捷，《朱子門人》（上海：華東師範大學，2007）。

勞思光，《中國哲學史》（台北：三民，1981）。

楊朝亮，《李紱與陸子學譜》（北京：中國社會科學，2005）。

葛兆光，《中國思想史》（上海：復但大學，2001）。

蒙培元，《理學的演變 —— 從朱熹到王夫之、戴震》（北京：方志，2007）。

蔡方鹿，《朱子經學與中國經學》（北京：人民出版社，2004）。

鄧洪波，《中國書院史》（上海：東方出版中心，2006）。

錢穆，《朱子新學案》（台北：三民書局，1982）。

錢穆，《宋明理學概述》（台北：素書樓文教基金會，2001）。

錢穆，《國學概論》（台北：台灣商務，1995）。

錢穆，《學籥》（台北：素書樓文教基金會，2000）。

韓明士（Robert P. Hymes）著、皮慶生譯，《道與庶道：宋代以來的道教、民間信仰和神靈模式》（南京：江蘇人民，2007）。

（2）西　文

David Gedalecia, A Solitary Crane in a Spring Grove: The Confucian Scholar Wu Ch'eng in Mongol China（Wiesbaden: Otto Harrassowittz, 2000）.

David Gedalecia, The Philosophy of Wu Ch'eng: A

Neo-Confucian of the Yuan Dynasty（Indiana: Indiana University, 1999）.

Edward T. Ch'ien（錢新祖）, Chiao Hung and the Restructuring of Neo-Confucianism in the Late Ming（New York: Columbia University, 1986）

Robert P. Hymes, Statesmen and Gentlemen: the Elite of Fu-Chou, Chiang-Hsi, In Northern and Southern Sung,（New York: Columbia University, 1986）.

Rodney L. Taylor, The Religious Dimensions of Confucianism（New York: State University of　New York, 1990 ）.

Wm. Theodore de Bary, Neo-Confucian Orthodoxy and the Learning of the Mind-and-Heart（New York: Columbia University, 1981）.

Wm. Theodore de Bary, The Massage of the mind in neo-confucianism,（New York: Columbia University, 1989）.

(3) 日　文

武內義雄,《中國思想史》（東京：岩波書店，1957）。

期刊論文：

David Gedalecia 著、魏崇武譯,〈元代理學家吳澄〉,《新亞論叢》,第 4 期。

三浦秀一著；楊小江譯,〈學生吳澄與南宋末葉的江西書院〉,《湖南大學學報（社會科學版）》,2007 年,第 21 卷,

第 3 期。

方旭東，〈吳澄：蒙元時代的通儒〉，《儒教文化研究》第 2 輯，2002。

王建軍，〈教養化育與科舉主導：元代國子監辦學模式的演變〉，《河北師範大學學報》，2006 年，第 8 卷，第 2 期。

安部健夫，〈元代的知識份子和科舉〉，劉俊文主編、索介然譯：《日本學者研究中國史論著選譯》第五卷（北京：中華書局，1992）。

朱漢民，〈吳與弼的教育思想和明代的心學思潮〉，《江西社會科學》，1992 年，第 6 期。

余英時，〈中國思想史研究 —— 中國思想史上四次突破〉，氏著《人文與民主》（台北：時報，2010）。

余英時，〈朱子哲學體系中的道德與知識〉，氏著；程嫩生、羅群等譯《人文與理性的中國》（台北：聯經，2008）。

余英時，〈我摧毀了朱熹的價值世界嗎？ —— 答楊儒賓先生〉，《朱熹的歷史世界 —— 宋代士大夫政治文化的研究（下）》（北京：三聯書店，2004）。

余英時，〈從政治生態看宋明兩型理學的異同〉，《中國文化史通釋》（香港：牛津大學出版社，2010）。

吳展良，〈朱子世界觀體系的基本特質〉，收入許紀霖、朱政惠等編《史華慈與中國》（長春：吉林出版社，2008）。

吳展良，〈嚴復早期的求道之旅 —— 兼論傳統學術性格與思維方式的繼承與轉化〉，《台大歷史學報》，第 23 期，1999 年 6 月。

李宜蓬，〈進退有道：吳澄的人生選擇〉，《河南社會科學》，
　　2005 年，第 3 期。

李宜蓬，〈進退有道 ── 吳澄的人生選擇〉，《河南社會科學》，
　　2005 年，第 13 卷，第 3 期。

林永勝，〈中文學界有關理學工夫論之研究現況〉，收入楊儒
　　賓、祝平次編《儒學的氣論與工夫論》（上海：華東師
　　範大學，2008）。

姚大力，〈金末元初理學在北方的傳播〉，《元史論叢》，1983。

胡其德，〈王重陽的「解脫」法門〉，《近世中國的社會與文化
　　（960-1800）論文集》（台北：師大歷史系，2007）。

胡其德，〈蒙古碑刻文獻所見統治者的宗教觀念與政策〉，蕭
　　啟慶編《蒙元的歷史與文化 ── 蒙元史學術研討會論文
　　集》（台北：學生，2001）。

胡青，〈吳澄教育思想初探〉，《江西師範大學學報》，1984 年，
　　第 4 期。

卿希泰，〈簡論道教倫理思想的幾個問題〉，陳鼓應主編《道
　　家文化研究》第 7 輯（上海：上海古籍出版社，1995）。

唐宇元，〈元代的朱陸合流與元代的理學〉，《文史哲》，1982
　　年，第 3 期。

孫明章，〈略論黃榦及其哲學思想〉，《福建論壇（人文社會科
　　學版）》，1985，第 1 期。

徐復觀，〈象山學述〉，氏著《中國思想史論集》（上海：上海
　　書店，2004）。

徐遠和，〈金元之際北方理學發展的特點及社會作用〉，《晉陽

學刊》，1986 年，第 4 期。

張榮明，〈宋代哲學「靜 —— 敬 —— 靜」的思想歷程〉，氏著
　　《中國古代氣功與先秦哲學》（台北：桂冠，1992）。

許懷林，〈十世紀前佛教在江西的傳播〉，《江西師院學報（哲
　　學社會科學版）》，1983 年，第 4 期。

陳來，〈儒學傳統中的神秘主義〉，氏著《中國近世思想史研
　　究》（北京：商務印書館，2003）。

陳奇，〈明朝前期吳與弼的兼採朱陸之學〉，《貴州師範大學學
　　報（社會科學版）》，2003 年，第 2 期。

陳金鳳，〈宋元明清時期江西全真道發展述論〉，《道教研究》，
　　2007 年，第 2 期。

陳高華，〈元代的地方官學〉，氏著《元史研究新論》（上海：
　　上海社會科學院，2005）。

陳榮捷，〈元代之朱子學〉，氏著《朱學論集》（上海：華東師
　　範大學，2007）。

陳榮捷，〈朱子之宗教實踐〉，氏著《朱學論集》（上海：華東
　　師範大學，2007）。

陳榮捷，〈朱門之特色及其意義〉，氏著《朱學論集》（上海：
　　華東師範大學，2007）。

陳德芝，〈論宋元之際江南士人的思想和政治動向〉，《蒙元史
　　研究叢稿》（北京：人民，2005）。

彭國翔，〈《儒家傳統 —— 宗教與人文主義之間》導論〉，《儒
　　家傳統 —— 宗教與人文主義之間》（北京：北京大學，
　　2007）。

彭國翔，〈身心修煉 ── 朱子經典詮釋的宗教學意涵〉，氏著
　　《儒家傳統：宗教與人文主義之間》（北京：北京大學，
　　2007）。

彭國翔，〈儒家的生死關切 ── 以陽明學者爲例〉，氏著《儒
　　家傳統：宗教與人文主義之間》（北京：北京大學，
　　2007）。

彭國翔，〈儒家傳統的身心修煉及其治療意義 ── 以古希臘羅
　　馬哲學爲參照〉，《儒家傳統 ── 宗教與人文主義之間》
　　（北京：北京大學，2007）。

黃進興，〈「朱陸異同」 ── 一個哲學詮釋〉，收入田浩編；楊
　　立華、吳豔紅等譯《宋代思想史論》（北京：社會科學
　　文獻，2003）。

楊布生，〈吳澄草廬講學與書院教育〉，《撫州師專學報》，1992
　　年，第 2 期。

楊自平，〈吳澄《易》學研究 ── 釋象與「象例」〉，《元代經
　　學國際研討會論文集（上）》（台北：中研院文哲所籌備
　　處，2000）。

楊雅妃，〈朱熹的靜坐〉，《興大中文學報》第 18 期，2006 年
　　1 月。

楊儒賓，〈《儒學的氣論與工夫論》導論〉，《儒學的氣論與工
　　夫論》。

楊儒賓，〈一陽來復 ── 《易經‧復卦》與理學家對先天氣的
　　追求〉，《儒學的氣論與工夫論》（上海：華東師範大學，
　　2008）。

楊儒賓，〈論「觀喜怒哀樂未發前氣象」〉，《中國文哲研究通訊》，第 15 卷，第 3 期。

葛兆光，〈「唐宋」抑或「宋明」── 文化史和思想史研究視域變化的意義〉，《歷史研究》，2004 年，第 1 期。

解光宇、朱惠莉，〈鄭玉「和會朱陸」的思想及其影響〉，《合肥學院學報（社會科學版）》，第 21 卷，第四期。

福田殖著、連清吉譯，〈吳澄小論〉，《中國文哲研究通訊》，第 8 卷，第 2 期。

劉固盛，〈吳澄《道德真經註》試論〉，《古籍整理研究學刊》，2001 年，第 2 期。

劉錫濤、肖開銑，〈淺談江西佛教之流布〉，《井岡山學院學報（哲學社會科學）》，第 29 卷，第三期。

蔡方鹿，〈吳澄的《尚書》學述要〉，《元代經學國際研討會論文集（上）》。

蕭啓慶，〈元代的儒戶〉，氏著《元代史新探》（台北：新文豐，1983）。

蕭啓慶，〈元朝科舉與江南士大夫之延續〉，氏著《元代的族群文化與科舉》（台北：聯經，2008）。

錢新祖，〈中國的傳統思想與比較分析的「措辭」（rhetoric）〉，《台灣社會研究季刊》，第一卷第一期，1988。

錢新祖，〈儒家傳統裡的「正統」與多元以及個人與「名分」〉，《台灣社會研究季刊》，第一卷第四期，1988。

錢穆，〈吳草廬學述〉，《中國學術思想史論叢（六）》（臺北：

東大，1993）。

韓明士（Robert P. Hymes），〈陸九淵，書院與鄉村社會問題〉，
　　田浩編；楊立華、吳豔紅等譯《宋代思想史論》（北京：
　　社會科學文獻，2003）。